青春期男孩的枕边书

（图解版）

乔乐 著

四川辞书出版社

图书在版编目（CIP）数据

青春期男孩的枕边书: 图解版 / 乔乐著 . — 成都:
四川辞书出版社，2022.5
ISBN 978-7-5579-1054-9

Ⅰ.①青… Ⅱ.①乔… Ⅲ.①男性-青春期-健康教育-
图解 Ⅳ.① G479-64

中国版本图书馆 CIP 数据核字（2022）第 045081 号

青春期男孩的枕边书（图解版）
QINGCHUNQI NANHAI DE ZHENBIANSHU (TUJIEBAN)
乔乐 著

策　　划 /	董志强
责任编辑 /	钟　欣
封面设计 /	仙　境
责任印制 /	肖　鹏
出版发行 /	四川辞书出版社
地　　址 /	成都市锦江区三色路 238 号
邮　　编 /	610023
印　　刷 /	运河（唐山）印务有限公司
开　　本 /	700 mm×1000 mm　1/16
版　　次 /	2022 年 5 月第 1 版
印　　次 /	2022 年 5 月第 1 次印刷
印　　张 /	14
书　　号 /	ISBN 978-7-5579-1054-9
定　　价 /	49.80 元

　　不知不觉中，你发现自己越长越高，似水年华，青春无价，祝贺你慢慢由小朋友成长为小伙子。在这个成长过程中，你或许急躁，或许坦然；或许快乐，或许悲伤；或许坚强，或许脆弱……无论怎么样，青春期都不请自来，你准备好了吗？

　　亲爱的男孩，恭喜你进入了成长中最美好的阶段。你会发现衣服变小了，生长速度快得惊人；你还会发现，你竟然长出了毛绒绒的胡须、阴毛，喉结变得鼓鼓的，声音竟然也由"男女不分"变得越来越有磁性；你还会发现自己发生了遗精……这些都是身体生长过程中自然发生的神奇变化，你大可以坦然地去接受。

　　亲爱的男孩，恭喜你将会体验一种饱含人生百味的朦胧情感。你可能会发现你竟然对身边的女孩产生了好感，你会觉得她们可爱、漂亮，也会觉得她们善良、优秀，你一定好想谈一场甜甜的恋爱，但是周围的人却很反对，你该怎么办呢？

　　亲爱的男孩，恭喜你已经有了担当，想帮着爸爸妈妈承担家庭的责任，想与朋友一起扛所有的事情，想替同学出头去争气……当然，你长大了，的确家庭需要你担当起一部分责任。你不仅仅是爸爸妈妈的孩子，你也是社会的一分子，所以，你还要担当起一份社会责任。

亲爱的男孩，恭喜你已经学会了很多技能，结交了很多朋友。也许比起爸爸妈妈，你更喜欢网友、哥们儿，觉得自己已经长大成人，可是你会发现自己常把生活弄得一团糟。

……

青春期来得波涛汹涌，无论你现在如何慌张，如何不安，请不要害羞，也不要害怕，接受我送给你的这份礼物吧，让这本书伴你走过青春期的懵懂与惊慌，伴你成为一个真正的男子汉！

目录

第三章
青春"微表情"——那个让我魂牵梦萦的人

第四章
和老爸的"权力游戏"

第五章
和老妈"相爱相杀"

第六章
我和我的朋友们

第七章
叛逆来袭，我的青春有点躁

第八章
"网"罗天下——我在网络世界的"平行人生"

第一章

天哪！我的身体怎么了？

嗓音变粗，喉结凸起，身高猛增……当男孩的身体发生这些变化时，别担心，这意味着男孩的青春期到了。不要害怕，青春期是我们人生中非常重要的时期，正确认识青春期的变化，能帮助男孩更好地认识自己，健康快乐地成长。

奇怪，我咋变"公鸭嗓"了？

男孩青春小档案

姓名：冯亚鹏	
年龄：13	
爱好：唱歌、朗诵	
烦恼：突然变成"公鸭嗓"，被朋友打趣。	

◆ 怎么办？我的声音变得好难听。

最近，平时叽叽喳喳的冯亚鹏突然变成了不说话的"小仙男"，弄得妈妈连连感叹，儿子一夜之间就变得"成熟稳重"起来了，还真让人有些不习惯。实际上，妈妈哪里知道冯亚鹏的烦恼啊！

前一阵子，冯亚鹏觉得喉咙有些不舒服，就好像有什么东西堵在里头似的，说话声音变得有些怪怪的。一开始，他并没有放在心上，只以为是烧烤吃多了喉咙上火，所以导致嗓子不舒服。可没想到，这种症状却一直没有好转，还越来越严重，到现在，他那一副清亮的好嗓子直接变成了"公鸭嗓"，一开口说话，那声音可难听了！

从小冯亚鹏就喜欢唱歌、朗读，一直梦想能成为一名播音员或主持人，所以，当学校广播站招人的时候，冯亚鹏第一个就报了名，成了一名小广播员。可前几天，就因为这嗓子，害得他在播音时一不小心破音了，被同学嘲笑是"冯老鸭"！

没法子，在收获了"冯老鸭"这么一个新绰号以后，冯亚鹏只得忍痛放弃了广播站的"工作"，成了不轻易开口的"小仙男"。

这天，冯亚鹏放学回家，爸爸妈妈还没回来，他便一边播放歌曲一边拼上次没拼完的模型。音乐一响起，冯亚鹏就忍不住"歌兴大发"，趁着家里没人，忘情地开始唱起来。就在这时，爸爸回来了。

冯亚鹏爸爸一开门，就听到一把荒腔走板的破锣嗓子在破音边缘疯狂试探，可真是吓了一跳。再结合自家儿子最近的表现一想，作为过来人的爸爸立刻就明白冯亚鹏性情大变的缘故了。

看到老爸突然回家，冯亚鹏吓了一跳，顿时脸涨得通红，父子俩面面相觑，气氛一时有些尴尬。最后，还是爸爸走上前，宽慰地拍拍冯亚鹏的肩膀，说道："看来咱们小鹏长大了，都已经进入变声期了啊！"

"变声期？"听到这个词，冯亚鹏好奇地瞪大了眼睛，"爸，什么是变声期啊？"

爸爸放下公文包，和冯亚鹏坐在一起，认真地说道："变声期是人成长的一个必经阶段。人的声音粗细是由声带决定的，而每个男孩子在声带发育的过程中，声音都会改变，这是非常正常的一种生理现象，并不是你的嗓子坏了。等变声期结束之后，喉头、声带发育完全，你的声音就会变得比现在低沉，带有磁性，会变得好听起来。现在也要注意，这个时期，你的嗓子是非常脆弱的，以后尽量别再那样大声唱歌了。"

听到爸爸的话，冯亚鹏一直提着的心总算放下了，同时也开始对

变声期结束之后自己富有磁性的嗓音充满了期待，说不定它会像自己最喜欢的播音员的声音那样好听呢。

专家帮帮忙

　　进入青春期之后，在性激素的作用下，男孩会长出喉结，声带会疯狂增长一段时期。在这个时期，因为声带变宽、变厚，并伴随生理性的充血现象，男孩的嗓音会变得粗哑低沉，容易出现破裂现象，这就是我们说的"变声期"。

　　变声期是每个人在成长发育过程中都会出现的一个时期，变声是非常正常的一种生理现象。在这个时期，声带是非常娇贵的，需要我们好好保护。平时，最好不要过多讲话或高声唱歌，否则容易引起嗓子疲劳，甚至对其造成伤害。

　　在饮食方面，要注意少吃刺激性食物，比如辣椒、葱、蒜等，尤其要远离烟酒，否则你可能年纪轻轻就会有沧桑的"老男人的嗓音"。

　　通常来说，孩子变声期的长短因人而异，短的可能会持续四五个月，长的可能持续一两年，都是正常的。这不过是青春期的一个小插曲，只要放平心态，保护好嗓子，就能平稳度过变声期。

📖 **延伸知识**

变声期，声音为何"大不同"？

人发声主要是靠声带的振动，因此，声带直接决定了声音的好坏。

在我们喉腔的两侧，有一对弹性黏膜皱襞，这就是声带。每个人的声带长短厚薄都不一样，因此每个人的声音也都是不一样的。

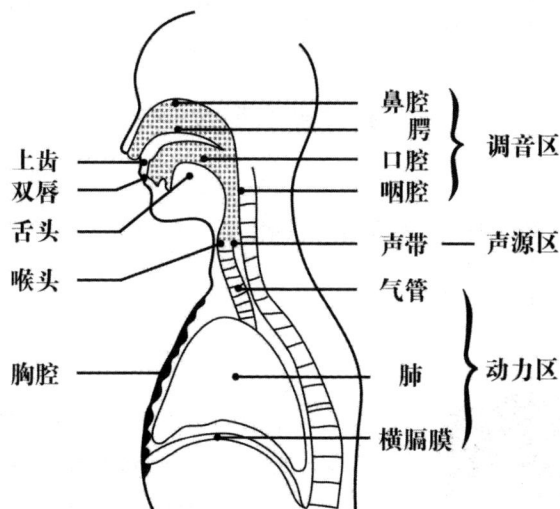

图 1-1 发音器官示意图

通常来说，儿童的喉腔比较窄，声带比较短小、细薄，所以孩子的声音往往是比较清脆、响亮的；但因为儿童的声带尚未发育成熟，所以更容易受伤和感到疲劳。

变声期其实就是声带的发育期，在这个时期，男孩的喉部会迅速

发育扩张，甲状软骨向前凸起，声带也会迅速变长、变厚，所以男孩的声音会开始变得低沉、粗哑。并且，因为处于发育阶段，喉头和声

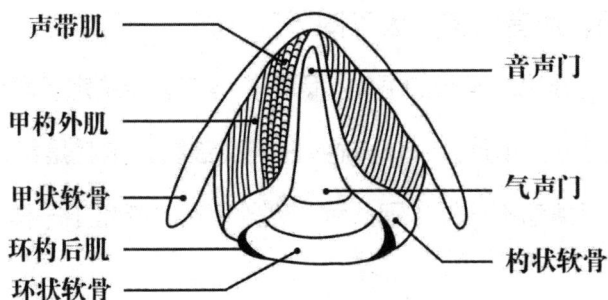

图 1-2 喉部肌肉图

声带肌
音声门
甲杓外肌
甲状软骨
气声门
环杓后肌
杓状软骨
环状软骨

带在增长时容易出现局部充血水肿、分泌物增多等情况，这些都会对发声造成影响，让声音变得"不好听"。

正确使用嗓子，注意不要高声喊叫或大声喧哗，也不要过度 K 歌哦！

保暖措施要做好，避免着凉、感冒。参加一些体育运动，可以促进声带更好地发育哦！

劳逸结合很重要，规律生活最健康。别再熬夜啦，睡眠充足，对你的声带是有好处的哦！

老爸告诉你

进入青春期，身体发生巨大变化，连声音也变了，比小时候难听了。面对这样的状况，儿子，你是不是感到很困惑、很无助？

其实，你不用太过担心，老爸也经历过这样的时期。那时候，老爸也曾因为"公鸭嗓"被人嘲笑，收获令人生气的无数个绰号。这只是成长中的一个必然阶段，是每个人都会经历的时期，这意味着，我们已经从男孩开始成长为男人，正走向成熟。

你不用过分在意，保护好嗓子，静待它慢慢变好吧！

男人标志——脖子上的小凸起

男孩青春小档案

姓名：张鹏

年龄：14

爱好：唱歌、朗诵

烦恼：喉结越长越大，却迟迟不变声。

◆ 哎呀，我的喉结越长越大了？

一年一度的运动会又开始了，张鹏继续担任开幕式的主持人，他是全校公认的主持明星，无论是校庆，还是其他重要活动，主持人队伍中总少不了他。

这天，张鹏正在一边化妆，一边看主持稿，突然，与他一组的雯雯惊叫起来："呀！张鹏，你的脖子……来，抬头，我看看！"

张鹏下意识地抬起头来。雯雯指着张鹏的脖子说："呀！张鹏，你的脖子上面怎么凸起来个小球球？你看这是什么？"

张鹏将目光移向了整装镜，果然，在他脖子的正中央凸起了一块儿。

这时，雯雯又说："我知道了，你长喉结了吧？"

"喉结？"张鹏又摸了摸，笑笑说，"哎，小爷我是不是越来越有男子气概了？"

雯雯哈哈大笑："你这奶声奶气的样子，哪里像个男子汉？"

　　张鹏皱皱眉，说了声："去！"但他心里纳闷极了，为什么自己还没有变声，喉结却先凸出来了呢？

　　从这天开始，张鹏就特别关注他喉结的生长进度，手常常会不自觉地摸来摸去。这两天他有点感冒，说话声音有点哑，他对妈妈说："妈妈，我是不是变声啦？你摸摸看，我的喉结越来越鼓了呢。"

　　妈妈伸手摸摸他的喉咙，知道他一直盼着自己变声，安抚他说："别担心，迟早会变声的，不过这次你可能是感冒了，你要注意点，多喝水。"

　　"我这两天嗓子总是很痒，还有点痛，声音也好像变哑了，可能开始变声了。"张鹏摸着自己的喉结说。

　　妈妈拍拍张鹏的头说："不要过于担心，喉结会越来越鼓，变声期也会很快过去，你会变成一个真正的男子汉！"

　　果然，张鹏的声音明显发生了变化，褪去了之前的稚嫩，喉结也变得鼓鼓的。他发现自己的朋友也发生了这样那样的变化，他们有时会一起看一下对方的喉结的变化，互相比较声音的变化，还会嘻嘻哈哈地开一会儿玩笑。

专家帮帮忙

　　人的喉咙由 11 块软骨做支架组成，其中最主要且体积最大的一块叫甲状软骨。胎儿在 2 个月时，喉软骨开始发育，出生后 5 至 6 年内会继续增长，但此后到青春期这段时期内其生长就会基本停止。男孩

与女孩的甲状软骨都一样，没有明显的凸起。进入青春期以后，由于雄激素分泌增多，喉结就会不同程度地出现向前凸起的状态。

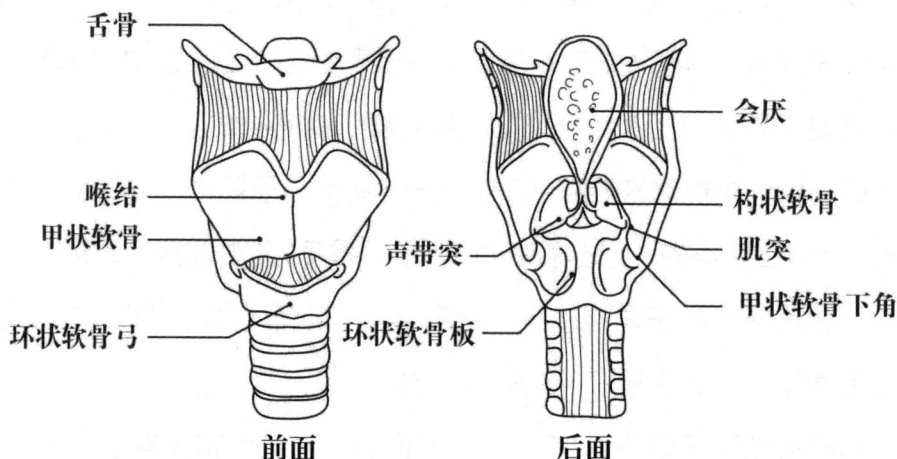

图1-3 喉软骨

甲状软骨是导致喉结变化的主要骨骼，由左、右两个四边形软骨板构成。前角上缘两板间的凹陷，叫甲状软骨上切迹，板的后缘游离，向上、下方各形成一个凸起，分别叫上角和下角。上角较长，借韧带与舌骨大角相连；下角较短粗，尖端内侧面有关节面，与环状软骨构成关节，前角上端向前凸起就形成了喉结。

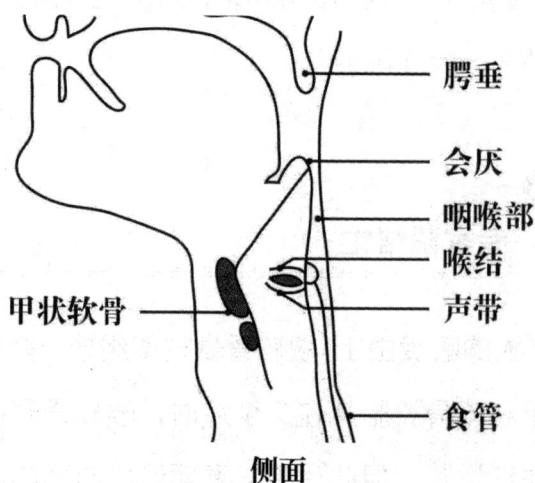

图1-4 喉软骨

青少年一般在 13 至 16 岁进入变声中期，此时他们的喉头、声带进入快速发育的阶段，特别是喉结与嗓音几乎同时发生着变化，会持续半年至一年。因为人的喉头、声带都是由胶蛋白和弹性蛋白构成的，声带也是由弹性蛋白薄膜构成，所以此时青少年应多吃些富含胶原蛋白和弹性蛋白的食物，如猪蹄、猪皮、蹄筋、鱼类、豆类等。

其次，青少年在喉结发育期可以多吃一些富含维生素 C 的食物，如芹菜、番茄、蛋类、豆类、动物肝脏及新鲜水果等。也要多吃富含钙质的食物，主要有鱼虾、牛奶、豆制品等。这些食物里含有 B 族维生素和钙质，维生素 B2、维生素 B6 能促进皮肤发育，钙质可以促进甲状软骨发育。

在选择主食及副食时，要注意选择软质、精细的食物，像锅巴、坚果类及油炸类这些较硬且干燥的食物尽量少吃，以免对喉咙造成机械性损伤。像大蒜、辣椒、生姜、韭菜等刺激性较强的食物也尽量少吃，它们会刺激气管、喉头与声带。同时要多喝水，这样可减少或清除局部分泌物，避免继发感染。

延伸知识

男孩长喉结会影响长个子吗？

很多人说，男孩一旦长了喉结，个子就会长得很慢，甚至停止长

高。其实，这种说法是没有科学依据的。男孩长了喉结之后，身高是会继续增长的，长喉结和长高并没有什么必然的联系。人们的身高会受到部分遗传因素的影响。另外，后天因素对于身高的增长也非常重要，比如睡眠、营养以及运动等。

青春期是人体生长的第二个高峰时期，生长激素的分泌在睡眠时比较旺盛，而睡眠不足的话，就会影响生长激素的分泌，所以如果想长得更高，就必须要保证充足的睡眠，这是人体长高的关键因素之一。

其次，在青春期时还需要摄入足够的营养，这样才能满足身体发育的需要，尤其是要多补充一些钙质。

另外，运动对于增长身高也是很有帮助的，如做引体向上、跳绳以及打篮球等。

老爸告诉你

孩子，你是不是对于自己慢慢长出来的喉结感到既兴奋又害怕呀？没关系，爸爸当年也是这样的。男孩在青春期的时候，喉结会慢慢凸出，这是你由男孩变成男人的标志。除此之外，你圆嘟嘟的娃娃脸会慢慢变得"硬朗"。祝贺你，儿子，你马上就要成为顶天立地的男子汉啦！

这些日子，你不要挑食，要摄入各种营养食物，多吃蔬菜、水果和其他清淡的食物，不要吃那些辛辣的东西，它们可能会影响你喉结的发育。当然，你的声音会慢慢地变粗变浑厚。我的小小男子汉，加油！

"三寸钉"的小烦恼

案例导读

男孩青春小档案

姓名：古铄铄

年龄：13

爱好：弹电子琴

烦恼：同学比自己高出一大截。

◆ **我想快点长高。**

铄铄是东北人，他的家人都很高，就连妈妈也有一米七，唯有他，从上幼儿园开始就是班里最矮的。上了小学，同学的妈妈都怕孩子被老师排在靠后的座位，给老师打电话说明，希望把孩子安排在靠前的座位。但铄铄妈妈不用操心这个问题，因为以铄铄的个头，如果坐在后排他根本都看不到黑板。曾经铄铄妈妈开玩笑说："我家铄铄上课腰板一定挺得直直的，挺不直的话，那小脑袋就像是桌子上面放的一个'丸子'！"

随着年龄的增长，铄铄的身高问题越来越突出，连一向乐观的妈妈都慌了，一边给铄铄补着钙、铁、锌，一边上网搜各种食补的方子。尽管天天喝各种汤汤水水，但铄铄"倔强"得很，每个月身高还是以最稳的"步子"长着，像是跟同学商量好似的——绝对要保持全班最矮！

本来，铄铄没有太在意自己的身高，可自从升入初中后，他也着

急了。看着班里同学的身高变化很大，一个暑假没见竟然一个个高出了铄铄一头。

一天，铄铄的好朋友杨乐问他："铄铄，我昨天刷微博发现有些人天生就长不高，你看你现在都已经上初二了，可个头才一米五，你不着急吗？"

"我当然着急了。"铄铄皱着眉头说，"我妈从我上六年级就给我补帮助长高的东西，可我就是不长，总不能去拔拔骨头吧？"

"那你让阿姨带你去医院了吗？"杨乐问。

铄铄摇摇头："本来我妈想带我去查查骨龄，可姥爷总拦着，说我们家个头都很高，我不可能矮，应该就是没到'蹿个儿'的时候呢！"

虽然铄铄表现出一副无所谓的样子，但他心里也是真急呀！

日子过得很快，铄铄上了初三，经过一个暑假，班里有些男生甚至长到了一米八几，但铄铄还是没有太大的动静。妈妈再也沉不住气了，带上他就到医院做各种检查。但无论怎么检查，也查不出什么毛病，折腾了一大圈，所有医生都这样说："多运动，好好吃饭，好好睡觉！"

"这算什么医嘱？"铄铄看着妈妈，问道，"妈妈，我是不是怎么也长不高啦？"

"当然不是，"妈妈拍拍铄铄的头安慰他说，"有些人长得快，有些人长得慢，咱不着急，不着急！"

专家帮帮忙

人身高的增长一般有两个高峰期，第一个是婴儿期，即 0 至 1 岁，这是快速长高的黄金期，只是这个时期很多父母都是后知后觉，没有办法弥补。第二个为青春期，14 至 18 岁，这时候生长激素迅速分泌，很多人都是在这个时期明显长高的。

要想长高，最重要的就是关注骨骺，骨骺的状态是判断孩子能否长高的依据，如果骨骺提前闭合，那无论外部使多大的劲儿，身高都不会再增长。因此，在孩子进入青春期前，不要给他吃各种各样的补品，很多补品中含有激素，这些激素被人体吸收后会影响人体发育，可能会造成性早熟。这些食物看似给孩子提供了营养，让身体提前长高了，但往往到青春期这个生长高峰期时身高反而不再增长了。

性早熟的孩子骨骺会提前闭合，所以身高往往会低于同龄人。当然青春期阶段营养一定要跟上，每顿饭菜荤素搭配，多摄入优质蛋白质。营养是长高的基础，只有营养均衡的孩子才会更加健康，身体骨骼也才会更加强壮。

如果此时孩子身高迅速增长造成缺钙，有腿疼、腿抽筋等情况，父母要注意给孩子补充钙质。此外，进入初中后，父母可以给孩子适量增加有助于长高的运动，如跳绳、立定跳远等弹跳类的运动，不仅有助于长高，还可以缓解孩子腿部的不适。

延伸知识

性早熟是什么？

性早熟是指男童在 9 岁前、女童在 8 岁前呈现第二性征。

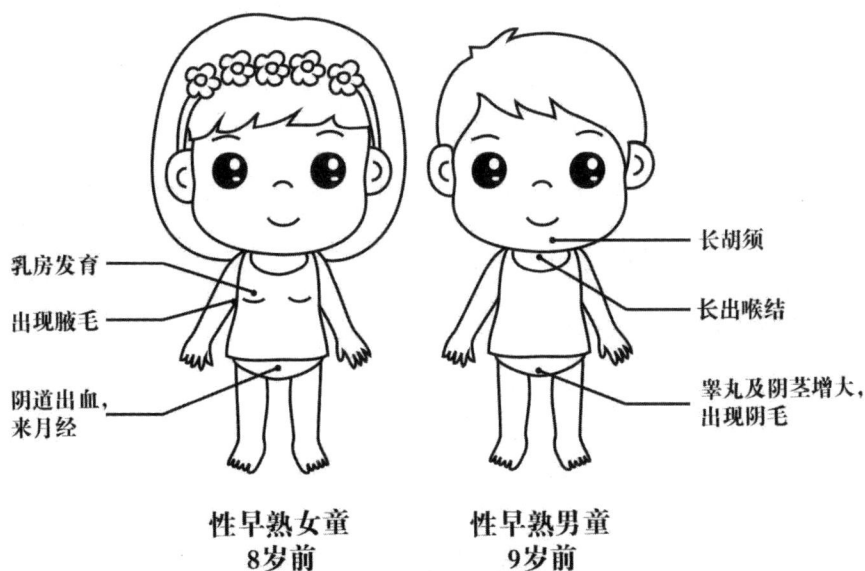

乳房发育

出现腋毛

阴道出血，来月经

长胡须

长出喉结

睾丸及阴茎增大，出现阴毛

性早熟女童
8 岁前

性早熟男童
9 岁前

图 1-5　性早熟图解

性早熟按发病机理和临床表现，分为中枢性（促性腺激素释放激素依赖性）性早熟和外周性（非促性腺激素释放激素依赖性）性早熟。

前者是真性性早熟，由下丘脑提前分泌和释放促性腺激素释放激素（GnRH），激活垂体分泌促性腺激素使性腺发育并分泌性激素，从而使内、外生殖器发育和第二性征呈现。它具有与正常青春发育类同的下丘脑—垂体—性腺轴（HPGA）发动、成熟的程序性过程，直至生

殖系统成熟。

后者是假性性早熟，这是由于体内性甾体激素异常升高至青春期水平，不受控于下丘脑一垂体一性腺功能所引起的性早熟，有第二性征发育，性激素水平升高，但下丘脑一垂体一性腺轴不成熟、无性腺的发育。也就是说虽然出现了第二性征，但并不是一个完整的性发育程序性过程。

要知道，真性性早熟与青春期正常发育相似，但这个过程会使身高和体重较早地增长，骨骼也会加速成熟。他们虽然早期高于同龄人，但骨骼过快增长可使骨骺闭合较早，甚至没到青春期就已经闭合了，所以性早熟的孩子一般较矮。

老爸告诉你

孩子，你看着别人都快快地长高，是不是心里很着急呀？

没关系，每个孩子长高的年龄是不一样的，你现在要好好吃饭，补充营养，多运动。你看那些冬小麦，它们经历了一个冬天，看起来都快冻死了，但正是这一冬的积攒，第二年春天它们才更加生机勃发。你现在的任务就是积攒能量，厚积而薄发！

胸部发育，我要变成女孩了吗？

案例导读

男孩青春小档案

姓名：刘铄遥

年龄：13

爱好：唱歌、戏剧表演

烦恼：突然觉得胸部变大了，洗澡时被同学嘲笑。

◆ 我的胸怎么鼓起来了？

刘铄遥的个头越来越高了，他能明显地感觉到自己打篮球时离篮筐越来越近了。

这天，他与同学结伴打球结束后一起去了球场边的浴室冲澡，结果没想到，刘铄遥的心病由此落下了。

这是一间专门的浴室，一个很大的屋子被分成了一个个格子间。一般情况下，大家都是各自找一个格子间冲洗，可今天球场上的人多，刘铄遥就与朋友小山共用了一个格子间。

本来两人还打打闹闹地玩儿水花，突然小山瞪大了眼睛，一脸惊讶地问："老遥，你的胸怎么……怎么肿起来了？"

刘铄遥低头一看，吓了一跳。果然，两侧的乳房明显地"变肿"了，而且乳头也由原来"缩头缩脑"的样子变得像两颗"直挺挺"的小绿豆。

"这……离谱呀！"刘铄遥不敢相信自己的眼睛，"怎么会这样呢？

我这也不像是一个女孩呀！"

小山哈哈大笑："估计你快变身了！"说着，他向外大喊，"大家快来看，刘铄遥竟然长'胸'了，要变成女生啦！"

刘铄遥的脸涨得通红，一半是因为害羞，一半是因为生气！虽然小山与自己的关系很好，这也就是一句玩笑话，但这种场合、这种事情怎么能拿来开玩笑呢！想到这儿，刘铄遥没有说话，拿起毛巾一裹，出了浴室，在外面擦干净水后还特意对着镜子照了照，心想，这胸，怎么越看越大呀！

从这天起，刘铄遥几乎每天都观察自己胸部的变化，这样天天看着，似乎并没有明显地长大，但小山的话题可没有丢，他甚至给刘铄遥取了个外号——"假大妞"！

两个月过去了，小山渐渐淡忘了刘铄遥长"胸"的事情。但这几天刘铄遥总觉得自己的胸涨得疼，他想：不会是又开始长了吧？这万一越长越大，我不会真变成女孩吧？或者这种变大根本就不正常，难道是肿瘤？

刘铄遥忧心忡忡的样子让妈妈察觉出了不正常，这一问可了不得了，刘铄遥扑到妈妈怀里大哭起来，边哭边说："妈妈，怎么办呀？我的胸越变越大，我甚至都能感觉到里面正在向外膨胀。怎么办？怎么办呀？"

这话把妈妈问愣住了，连忙检查他的胸，看完后妈妈哈哈大笑："你在说什么呀！你现在个子越长越高，身体越来越壮，难道就不允许胸跟着长一下吗？"

刘铄遥瞪了一眼妈妈："什么时候了，您还在开玩笑！"

妈妈笑着说："你可能是因为最近学习压力太大了，而且情绪紧张，所以才会觉得胸疼，其实每个男孩的胸部都会在你这个阶段长大的，那是你成长的标志！"

"真的？"刘铄遥擦擦眼泪，问，"那为什么小山他们没有？"

"那是因为他们发育晚，或者他们并不太在意这些事情吧！"妈妈笑着说。

刘铄遥点点头，说："那我也不在意了，但是见了小山我一定会说他'发育慢'！"

妈妈笑着摇摇头，任由他们闹去！

专家帮帮忙

青春期男孩乳腺发育是指青春期的男孩由于内分泌紊乱引起的乳腺肥大，或者是出现乳房肿块，以及乳房疼痛等表现。

这是由于雌激素分泌增多，或者是雄激素分泌减少导致的。遇到这种情况首先要做一个乳腺彩超，检查一下是单纯的乳腺发育，还是乳腺长肿瘤了。男孩单纯的乳腺发育，是青春期发育的一个特征，不需要过多地关注，也不要有太大的压力，青春期过后会自行消失。

在正常的乳腺发育过程中，父母可以帮助孩子调整生活方式，让其多锻炼身体，避免长得太胖。另外多吃一些清淡的食物，少吃油腻

正常男性乳房　　　男性乳房发育　　　假性男性乳房发育

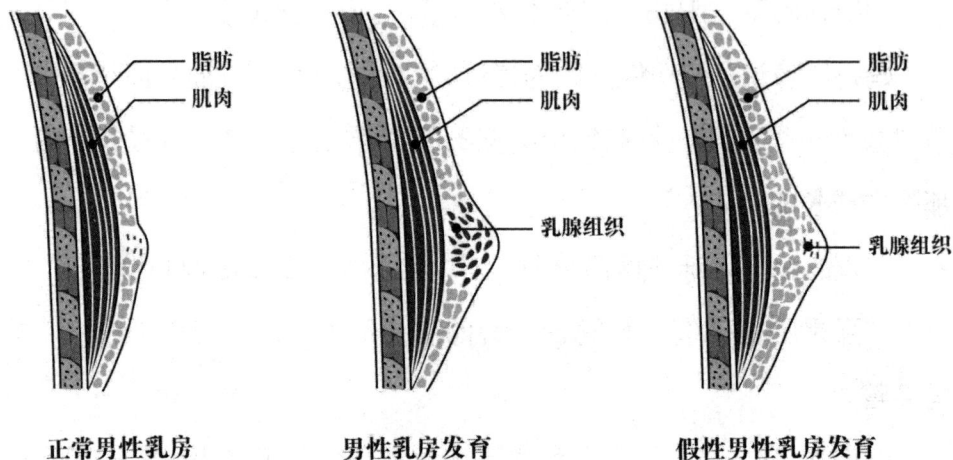

图1-6 男性乳房发育对比图

的食物，少喝碳酸饮料。

除了正常的青春期乳腺发育，有些男孩会出现乳房异常发育的情况，这是一种由于生理性或病理性因素引起体内雌激素与雄激素比例失调，从而导致男性乳房组织异常发育、乳腺结缔组织异常增生的临床病症。

通常，患者的乳房会凸起来，乳头乳晕下方可以摸到一个硬块，摸上去乳房可能会有点痛，甚至挤一挤有时会有"乳汁"出来。

📖 **延伸知识**

男孩胸部发育出现硬块怎么办？

青春期男孩的乳房会发育，有的甚至可以摸到乳房内有硬块。如果你碰巧摸到了，不要过于着急，首先要区分它是生理性的还是病理性的。

乳房出现生理性的发育并不需要过于担心，很多男孩进入青春发育期，睾丸在分泌雄激素的同时，也会分泌少量的雌激素。当然，如果由于各种原因导致雌激素分泌过多的话，就会使乳头部位的乳腺细胞不断增殖，这便是乳房硬块形成的原因。不过，这种生理性的硬块并不需要过多关注，随着激素分泌平衡，硬块在一定时间之后会自行消失。

有些孩子的乳房会出现一些硬块，甚至出现不适的症状，如疼痛、红肿等，造成这种情况的原因可能有以下几种：

饮食不当	外伤所致	病理性增生
饮食要清淡而营养，不吃刺激性的食物，否则会引起乳房炎症，产生疼痛感。	胸部受到硬物撞击会出现青色的血肿，有时也会出现硬块，要及时就医。	如没有外因导致不适，则可能是乳腺增生，需要进行彩色超声检测，确定病因。

总之，如果男孩乳房部位有硬块的话，先不要着急，那可能是跟他的发育有一定关系。一旦出现疼痛、红肿，而找不到原因，这种情况下要尽早去医院就诊，发现异常就可以尽早采取措施。

老爸告诉你

孩子，你最近是不是觉得自己的胸部变大，心里一直特别不舒服？

不用担心呀，爸爸在你这个年纪的时候也有过这样的烦恼。那时我也觉得自己的胸怎么无缘无故地变大了呢？不会变成女孩吧？结果是我过于担心了，那是我们成长为男子汉的重要过程。你要加强锻炼，注意营养，别吃辛辣的食物。如果摸到肿块不要用手去揉，更不要用手去挤压。如果感到不舒服要早点告诉爸爸。

孩子，你身体的每一个变化都证明你在成长，好好地去享受每一种成长吧，你会变得更健壮！

第二章

脸红心跳，这些真的正常吗？

青春期的变化不仅表现在身体外部，身体内部也会发生变化，这些都是青春期的正常变化，不要觉得难以启齿，也不要因为这些变化而影响心情。要了解自己的身体变化，正确掌握生理卫生知识，这样才能为身心健康成长打下良好的基础。

"小弟弟"悄悄发育了

男孩青春小档案

姓名：宁明昊

年龄：13

爱好：游泳、弹吉他

烦恼：上厕所时发现"小弟弟"变大了些，心里特别害怕。

◆ "小弟弟"为什么悄悄长大了？

生活总在变化着，为了能上更好的高中，宁明昊有几个好朋友相继转学了。他们要么转到了重点初中，要么转到了升学率高的私立中学。宁明昊身边的朋友越来越少了，但这反而让他更专心于学习，最近几次模拟考试，他竟然进了班里的前十名。

这天，宁明昊一个人在楼下转来转去，很久不见的一个朋友正好来找他还书，他们便一起聊了起来，聊学习、聊生活，两个人嘻嘻哈哈地聊了一个多小时。突然朋友悄悄地说："我告诉你一个秘密，我这几天上厕所发现我的'小弟弟'长大了！"

"啊？真的？"宁明昊好奇地问，"我没注意我的长大了没。"

"你们生理课没说吗？咱们现在的年龄正好是'小弟弟'发育的时间呢！"朋友一副什么都懂的样子。

宁明昊点点头，他才不记得生理课讲了什么呢，每次上生理课他

都在偷偷地看小说。

　　当天晚上，宁明昊送走了朋友，悄悄跑到厕所看他的"小弟弟"，果然，好像真的比以前长大了很多，可朋友比他大一岁呢！"我不会是性早熟吧？他比我大一岁呢！"宁明昊的心突突地跳了起来，"话说性早熟会让我长不高的，我这……还没到一米七呢，那该怎么办呀？"

　　宁明昊一个人心事重重地在屋子里转来转去，妈妈觉得奇怪，就问他："你怎么了？有心事吗？"

　　宁明昊看了一眼妈妈，心想，我还是不说吧，妈妈估计也不懂。他便说："没事儿，我就是学习累了，转一转！"

　　结果这事儿成了宁明昊的心病，有时候上课也会悄悄地低头看，看看"小弟弟"有没有再长，下课就赶快跑到身高尺旁边量一量。

　　这天，宁明昊终于忍不住了，一回家抱着妈妈就哭起来，说道："妈妈！怎么办？我的个头是不是永远就这么点儿高呀？"

　　"当然不是，"妈妈纳闷地说，"你今年比以前长得都快呢！"

　　"妈妈，我的'小弟弟'长大了，我猜那是性早熟，性早熟的话我就不长个儿了！"宁明昊一脸委屈地说。

　　妈妈瞪大了眼睛，问："你说的这是哪跟哪呀？你现在正处在青春期，这些变化都是正常发育呀，怎么就性早熟了呢？"

　　"是吗？"宁明昊擦了擦眼泪，"嗯嗯，那我是正常的呀，我白白担心了这么久！那妈妈，我的'小弟弟'怎么悄悄就长大了呢？"

　　妈妈拍拍宁明昊的头，耸耸肩膀说："这个问题我也不太明白，该怎么回答你呢？去问问你爸爸。"

专家帮帮忙

男性生殖器官分内外两部分，内生殖器包括睾丸、输精管道和附属腺，外生殖器包括阴囊和阴茎。阴茎最前面的部分叫龟头，包在龟头外面的一层薄薄的皮肤叫包皮。

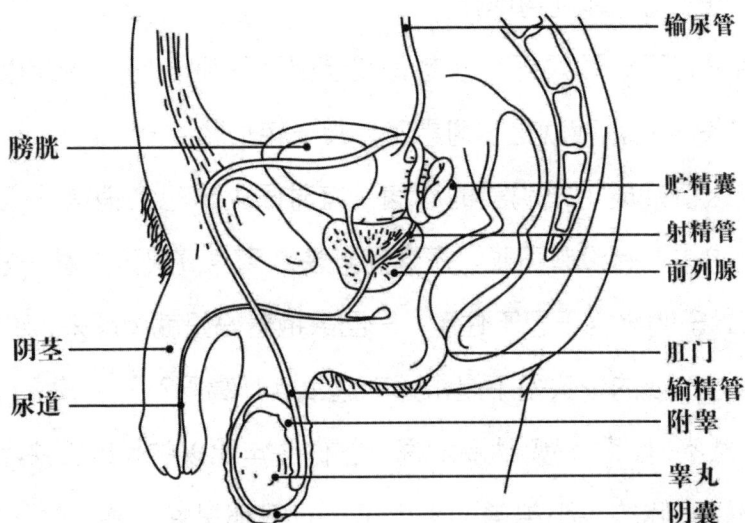

图 2-1 男性生殖系统

睾丸是男性生殖器中最重要的部分，是一对卵圆形的腺体。睾丸容积在青春期前仅大于婴儿期，不足 3 毫升。进入青春期后，睾丸迅速发育，容积可达 12 毫升以上。自青春期开始，由于阴茎迅速增长增粗，包皮渐渐向后退而露出龟头，就这样"小弟弟"一天天悄悄地在长大。一般情况，大约到 18 岁，"小弟弟"的发育就完成啦！

青春期男孩，随着其生殖器官发育，出现第二性征，如毛发（阴毛、腋毛及胡须）生长，阴毛最先出现，其次是腋毛。同时伴随着变声，以及长出喉结等。

延伸知识

为什么"小弟弟"要捉迷藏？

男孩的生殖器历来是父母关注的焦点之一，很多父母还因为孩子的"小弟弟"太小而去就诊。其实大部分男孩都是正常的，只有一些先天发育不良的人，他们的"小弟弟"只是外表看起来很小，但实际上真正的样子并不小，那为什么"小弟弟"要捉迷藏呢？

这是因为男孩的"小弟弟"在发育过程中会遇到这样那样的问题，如果阴茎被埋在皮下，就会看上去很小，甚至青春期看不到它长大，这就是医学上所说的"隐匿阴茎"。"隐匿阴茎"也叫"埋藏式阴茎"，造成这种情况的最重要的原因之一就是包皮异常。

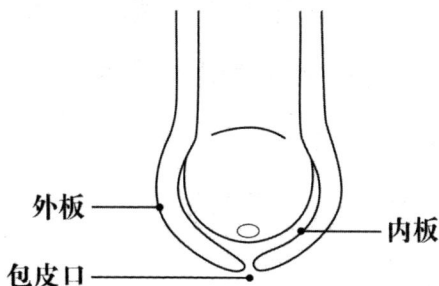

外板

内板

包皮口

图 2-2 包皮示意图

包皮可分为外板和内板两部分，外板就是平常可见、包在阴茎外的皮肤，其外观与其他部位的皮肤没有什么两样。内板则是位于包皮的内侧，也就是贴近龟头的皮肤。"小弟弟"捉迷藏的原因一般属于下面几种情况：

包皮环较紧

包皮与阴茎之间缺少正常的固定

阴茎内膜发育异常

一是包皮环较紧，无法翻开，看不到包皮内板；假如可以翻开，就可以看到内板是比较细嫩的皮肤。"隐匿阴茎"的包皮外板通常太短，加上开口（包皮环）较小，造成整个阴茎被包埋在会阴部皮下。

二是包皮与阴茎之间缺少正常的固定，包皮无法贴近阴茎，以至于阴茎被埋藏在像帐篷一样的皮肤下面，从外观上看，阴茎显得很小，自然就不像一般男孩的那样随发育而长大。

三是阴茎内膜发育异常，该内膜位于阴茎皮下组织与阴茎体之间，当内膜发育不良时，紧缩的内膜包着阴茎海绵体，导致阴茎回缩在体内，不能外伸，使"小弟弟"没办法探头。

当然，也不用过于担心，对待捉迷藏的"小弟弟"，医生是有很好的办法的，那就是做手术，通过包皮手术让"小弟弟"露出头来。一般手术都会很成功，风险较小。

老爸告诉你

"小弟弟"悄悄地长大了，说明你现在更像一个男子汉啦！在它的发育过程中，你一定要注意卫生，包皮内常积存有包皮垢，在青春发育期，包皮垢产生比较多，应当经常翻起包皮洗一洗，以免引起龟头和包皮发炎。

最重要的是，你要有健康科学的饮食习惯，需要加强营养，特别是应该多吃含钙的豆制品、奶制品之类的食物。如果实在不放心，还可以对你的"小弟弟"做生长发育的检测。你需要注意的就是放松心情，慢慢接受青春期送给你的礼物吧！

做那样的梦，好羞耻啊！

男孩青春小档案

姓名：刘嘉	
年龄：14	
爱好：画画、跳舞	
烦恼：晚上总梦到羞羞的事情，难道我是坏孩子吗？	

案例导读

◆ 做梦竟然梦到了羞羞的事，怎么办？

刘嘉是一个很帅气的男孩，平时最喜欢画画、跳舞，每次随着音乐跳起街舞总会引来周围的人们驻足观看，而且他的画得到过省、市等不同级别的奖。

他在画室最好的朋友是琳琳。琳琳是一个文静且乖巧的女孩，说起话来轻声细语，与嘉嘉大大咧咧的性格不同，琳琳的心更细腻，所以嘉嘉遇到任何事情都乐意找琳琳，只要听到琳琳说话他的心情就会骤然变好。

这天，嘉嘉在画室里等琳琳却一直没等到，原来琳琳的妈妈给她报了考前训练班，所以原本一周两次的绘画课现在只剩下一次了，而且平日放学后琳琳也不会来画室了。这就是说，嘉嘉每周只有一天可以见到琳琳了。

"琳琳，你只备考文化课吗？你不是想通过专业课升高中吗？"

嘉嘉在电话里发问。他们曾经一起讨论过这个问题，琳琳比嘉嘉高一个年级，他们约定了要一起上三中，这是当地培养高考特长生最著名的学校。

琳琳在电话那头沉默了一会儿，然后轻轻说："妈妈说我的文化课成绩也不错，想让我上一中。"

"那你放弃画画了吗？"嘉嘉追问。

"当然没有，我周末还是要去上课的。只是……嘉嘉，我可能不能和你一起上三中了。"琳琳说完，轻轻地叹了口气。

嘉嘉听到琳琳叹气，心里咯噔一下，赶紧说："没关系，我可以好好学习，我也考一中！"

那通电话之后，嘉嘉便沉浸在了学习中。果然，琳琳以优异的成绩考上了他们的市重点中学一中，嘉嘉觉得自己的压力更大了。

马上升初三了，以嘉嘉的学习成绩来说，考一中得看运气。"不放弃！不放弃！"嘉嘉给自己加油打气。

这天，他又做题做到很晚，实在支撑不住了才躺下，结果头一挨枕头便睡着了。

这天夜里他做了一个梦，那个梦令他心惊胆战了很久。

恍惚间，他似乎也考上了一中，课间他偷偷来到高二的教室，发现教室里只有琳琳一个人，他兴奋地上前打招呼，琳琳也一如既往地甜甜地笑着。

本来就是一个甜甜的美梦，但后来的事情让嘉嘉一想就脸红，他与琳琳在教室里竟然抱在了一起，而且还做了羞羞的事情。梦中琳琳

红彤彤的小脸让嘉嘉猛地惊醒，醒来全身都是汗。

嘉嘉躺在床上，擦了擦额头上的汗珠，回忆梦中发生的事情，他觉得又兴奋又胆怯，而且还有些奇怪。他不敢把这个梦讲给爸爸妈妈听，也不敢讲给好朋友听，只能把它埋到心底。

为什么会在梦里对琳琳做羞羞的事情呢？嘉嘉百思不得其解。"难道我是个坏孩子吗？"他自言自语地说，却找不到答案。后来再见到琳琳，他总会想起那晚的梦，眼神赶紧闪躲开。

专家帮帮忙

不同的人发育早晚是有差异的，并不完全一致。一般来说，男孩的第二性征发育在 14 至 16 周岁之间，这属于一个生长旺盛的阶段。每个人都会做梦，各种各样的梦，心理学家曾经分析过做梦的原因，无非就是白天受到影响或是刺激，再有就是满足人们潜意识当中的渴望。

嘉嘉的梦就是人们俗称的"春梦""性梦"，也被称为"性幻想"，它是一个人的生理反应。《红楼梦》中宝玉睡在秦可卿的卧室，梦游"太虚幻境"，最多只算是一个青春期少年的"性幻想"。

"性梦"是青少年出现的一种正常的生理、心理现象，它会随着科学知识的积累、性欲得到满足而逐渐减弱，但不会完全消失。男孩在做性梦时会出现阴茎勃起的现象。这是自然的生理现象，所以在道德

上对性梦产生羞愧感是完全没有必要的。同时，它也是人正常的生理需要、正常的心理活动，所以没必要觉得难以启齿。

延伸知识

性梦会影响身体健康吗？

性梦是指人在梦中与异性谈情说爱，甚至发生两性关系，也就是人们所说的"春梦"。其实这是一种正常的生理和心理现象，没有必要过于紧张，也不要过于烦恼。

简单来说，性梦的本质是一种潜意识活动，是人类正常的性思维之一。统计表明，性梦多发生在青春期的男孩当中，且性梦发生率有明显的年龄差异，一般随青少年年龄增长而增加。当然，性梦是不由

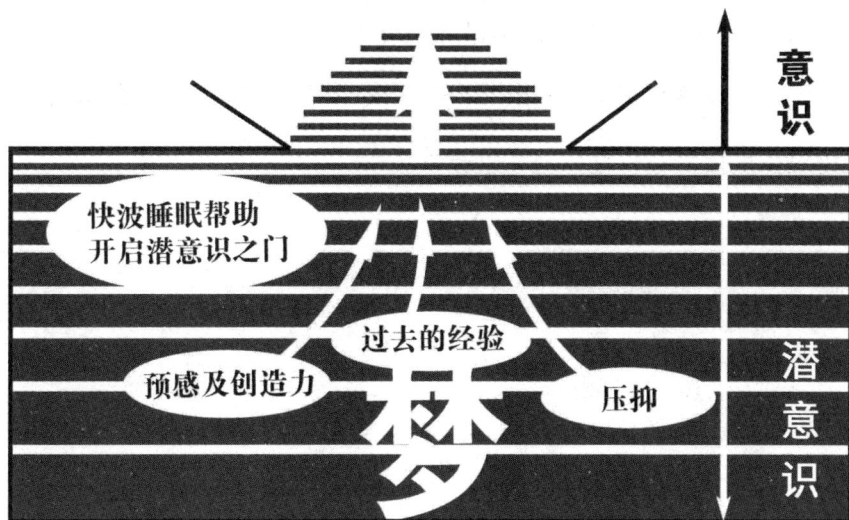

人控制的，和现实有着巨大差别，它的产生并不受个人意愿的控制。

心理学家弗洛伊德认为，梦的功能是保护睡眠，当人们睡着时，自我警惕就放松了，被压抑的愿望冲进意识，来打断睡眠，一些愿望被允许以梦这样的伪装形式来得到部分表达，这种将无意识的愿望转变成梦的想象过程被称为梦的工作。

青春期的少年心中想着寻求和揭示性的奥秘，他们想了解两性的秘密，所以他们身边的一切与性相关的事物，如电影、书刊、故事以及父母间的亲昵动作等，都会对他们产生种种影响。处于清醒状态时，自我控制的能力在，而熟睡之后，大脑的控制暂时消失，于是性的本能和欲望就会在梦中得到反映。

性梦是一种正常的生理现象，睡醒以后全身只要能够感觉轻松舒畅，一般情况下问题不大，不会对身体产生太大影响。平时要保持健康、有规律的生活节奏，要通过加强体育锻炼来缓解压力，不必为自己的经历而焦虑和羞怯，应顺其自然，同时要把主要精力放在学习上，避免过多地接受各种性信息和性干扰。

老爸告诉你

听说你晚上做了羞羞的梦，没关系的，不用那么紧张，爸爸在你这个年纪的时候也做过这样的梦呢。这是一种正常的生理现象，这种梦是你生理逐渐成熟的表现，偶尔做这样的梦有助于你缓解性压抑引起的焦虑，从而有利于身体和心理的健康呢。

不过，如果常常做羞羞的梦，以致影响第二天的学习，你一定要注意一下了。你可以学习一些必要的青春期知识，正确、理性地看待青春期自己身体和心理的变化。

也可以培养更多的兴趣爱好，积极参加体育活动，转移注意力。要特别注意的是，平时少看一些不健康的书籍、影片，衣服尽量穿宽松些，不要穿紧身内衣，晚上也不要盖厚重的棉被。

精子到底是什么样的？

案例导读

男孩青春小档案

姓名：卜志诚

年龄：13

爱好：唱歌、跳舞

烦恼：床上一摊白乎乎的东西，是尿了床吗？

◆ 那一摊白色的东西是精子吗？

早晨，诚诚从起床后就一脸不高兴，吃过早餐，便急匆匆地上学去了。妈妈虽然看到儿子闹脾气，但不知道什么原因，而上课的时间快到了，于是没有追问。

妈妈吃完早餐，收拾好碗筷后，便到诚诚房间收拾。突然，她发现在诚诚的床缝隙里塞了一条内裤，妈妈以为是诚诚没注意，内裤掉了进去，可拿在手里才发现，内裤应该是被有意塞到缝隙里的，而且内裤是湿的，应该是早晨刚刚换下来的。妈妈的第一个反应就是：诚诚尿床啦！

妈妈赶紧摸了一下床，干干爽爽的，什么问题都没有。这是怎么了呢？

当把内裤扔进水盆，妈妈上手一搓才发现，上面并不是尿，而是一摊白色的物质，妈妈心想："难道诚诚遗精了？"妈妈简直不敢相信自己的判断，这才想到那个蹦蹦跳跳的小可爱诚诚已经 14 岁了呀！

诚诚来到学校后，心里还是怦怦怦地跳，他昨天晚上竟然梦到了他们的班长，班长是他理想中的小姐姐！

班长是一个模样很清秀的女孩子，诚诚是班里的体育委员，一些爱开玩笑的同学常常拿他们两个说事——"班长体委真般配，两小无猜呀！""你俩怎么还不表明爱意呀？诚诚再不出击，班长就要跟别人跑啦！"……

诸如此类的话听多了，诚诚也觉得自己越来越喜欢班长了，但班长似乎并不在意诚诚，甚至诚诚跟她说话，她如避瘟神一样躲开，这让诚诚有极大的挫败感。

在昨天晚上，诚诚在梦里实现了这一切。他在梦里表白成功了，班长答应做他的女朋友，梦中两个人还在大树下亲吻。本来梦里一切都很令人高兴，两人有说有笑，有打有闹，还做了一些羞羞的事情。可谁知一觉醒来，内裤上竟然有了一团团白乎乎的、像鼻涕一样的东西，诚诚不禁产生了疑问："难道是我生病了吗？"

他坐在课堂上，心一直突突地跳，既觉得自己不该做羞羞的梦，又怕自己生了什么病。

专家帮帮忙

男性的精液由精子和精浆组成，正常的精液呈乳白色或淡黄色，精子由睾丸产生，精浆由前列腺、精囊腺和尿道球腺分泌产生。精液是一种有机混合物，精浆里含有果糖和蛋白质，这些是精子的营养物质，

另外还含有前列腺素和一些酶类物质。

精子的头部主要由细胞核和顶体组成，呈圆球形、长柱形、螺旋形、梨形和斧形等。这些形状是由核和顶体的形状决定的。

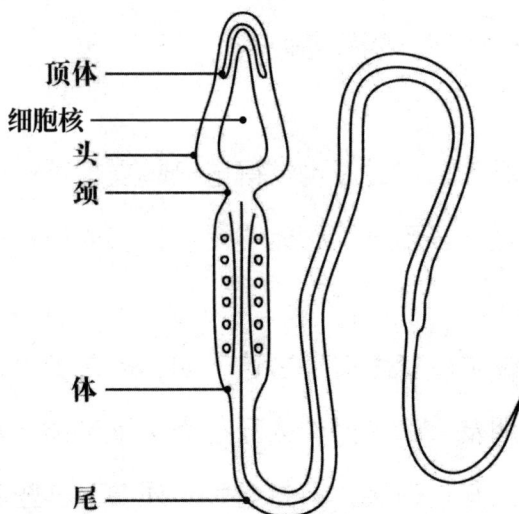

图2-4 精子

成熟精子的细胞核含有高度致密的染色质，在光学显微镜和电子显微镜下都难以区分其结构。细胞核的前端有顶体，是由双层膜组成的帽状结构，覆盖在核的前2/3部分，靠近质膜的一层称为顶体外膜，靠近核的一层称为顶体内膜。核膜虽为双层膜结构，但两层的间距很小，而且只有在核后端与颈部相连的转褶处有核膜孔。

精子的颈部最短，连接其头部，像圆柱，更像漏斗，它前接核的后端，后接尾部。

尾部的主要结构是贯穿于中央的轴丝。它分为三部分：中段、主段和末段。

中段　从远端中心粒到环之前称为中段，其长度在哺乳类动物中差异颇大，但结构大体相似。主要结构是轴丝和外围的线粒体鞘。

主段　尾部最长的部分，由轴丝和其外的筒状纤维鞘组成。纤维鞘中有两条纤维凸起成纵形嵴，由于纵形嵴刚好分别位于背腹二侧，所以精子尾部截面呈卵圆形。

末段　随主段进入末段，纤维鞘逐渐变细而消失。

📖 **延伸知识**

青春期男孩遗精的原因是什么？

睾丸可以制造精子和雄激素，精囊腺和前列腺发育成熟后，就会

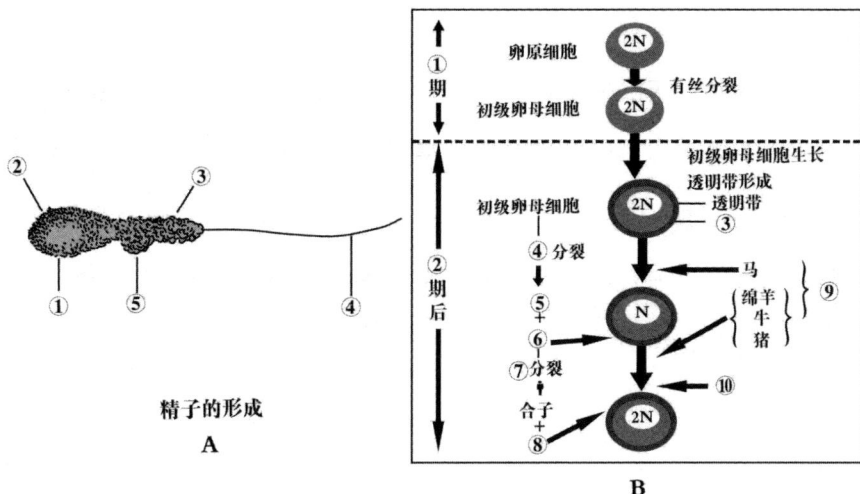

图 2-5

开始分泌腺液体，当这些液体累积到一定程度时，就会导致性中枢的下腺体收缩产生遗精。青春期的男孩，有时从梦中醒来后会发现自己的内裤或床单湿漉漉的。在入睡后做梦时遗精为梦遗，不在做梦时遗精称为无梦遗精，青春期的男孩有时会出现梦遗的情况，这不是一种疾病，而是一种正常的生理现象。

男孩从 13 岁左右起睾丸就开始产生精子，由睾丸生成的精子首先进入附睾和输精管等处暂时贮存起来。由于睾丸产生精子是持续不断的，所以贮存部位的精子会越来越多，于是就会出现精子过剩的状态，这种过剩状态通常是周期性的。

青春期的男孩精子过剩时，有时会出现外溢，这种情况往往发生在睡梦当中，突然阴茎就排出黏糊糊的液体。男孩早上醒来会发现内裤或被褥潮湿一片。一般来说，男孩每月遗精 1 至 2 次，有时次数稍多，这是正常的生理现象。

当男孩第一次出现遗精时，不要有太大的压力，虽然男孩在情绪上可能会不稳定，也可能有紧张、羞涩、困惑和恐惧等复杂的情感，有的会感到焦虑不安。此时家长可以给孩子讲一讲有关精子的知识，告诉孩子思想上千万不要背包袱，平时多参加文体活动，调整状态，让生活变得有规律。

老爸告诉你

孩子，如果你遗精了，不要太紧张，也不要觉得羞愧，这是一种正常的生理现象。爸爸帮你找了些有关人体发育的资料，你可以读一读。

孩子，如果你喜欢上了某个女孩，要第一时间告诉爸爸妈妈，你可以与好朋友聊一聊天，还可以把你的心情写在日记中，也可以与同学一起去打打篮球等，运动运动……你现在年龄还小，应该把心思都放在学业上。

总之，孩子，你的健康是爸爸最关心的事情，爸爸希望你能健健康康、快快乐乐地长大，成为优秀的男子汉。

"小弟弟"总是不听话

○ 案例导读

男孩青春小档案

姓名：刘宇琪

年龄：15

爱好：唱歌、弹吉他

烦恼：有时上课时"小弟弟"会莫名其妙地翘起来。

◆ **太吓人了，我的"小弟弟"竟然翘起来了！**

刘宇琪的名字在学校很有名，提到"刘宇琪"三个字，很多学生都会尖叫，他们都会想到他在舞台上手抱一把吉他"大杀四方"的样子。刘宇琪自己很享受这种被"粉丝"追捧的感觉，但是最近他却烦躁极了。

最近一段时间，他每次看到自己一直喜欢的晓婷，"小弟弟"总会莫名其妙地翘起来，而且根本不管在什么场合，自己想控制也控制不了。

"怎么办呀？"他跟自己的好哥们陈兵聊起这件事，"你说，我是不是有病呀。烦死了！"

"什么情况，你说说呗！"陈兵纳闷地问。

"我昨天不是被老师叫到黑板前写答案吗？你不知道，我低头一看，我的'小弟弟'竟然翘起来了！"刘宇琪皱着眉头说。

"啥？"陈兵以为自己的耳朵听错了，他缓了缓忽然哈哈大笑起来，"你……真的是笑死我了，你这是看题看兴奋了吗？"

"去你的！我真的吓死了，我本想拿手给它按下去，它反而翘得更高了，把裤子都顶起来了！"刘宇琪一脸尴尬。

陈兵笑着说："你这还算好的呢。我那天去游泳池游泳，正好咱校花从对面走过来，结果'小弟弟'就'疯'了，变得直挺挺的，吓得我呀，在水里拼命地游，游了很久，想了一堆事情，它才软下来，要不浮出水面就尴尬啦！"

他们两人你一言我一语地讲着自己的糗事。天色渐渐黑了，两人打了一会儿球就各自回家了。

刘宇琪心里还是很不舒服，他是一个有"偶像包袱"的人，假如演出过程中"小弟弟"突然"站"起来，台下的人们一定会看到，这会多么损伤形象呀。

从那天开始，刘宇琪天天穿得很宽松，再也不穿自己最喜欢的牛仔裤了。他甚至有些抵触和女同学接触，在舞台上也会不自觉地低头去看"小弟弟"，结果影响了自己的发挥。

专家帮帮忙

阴茎有三条海绵体，背侧的两条为阴茎海绵体，另一条位于腹侧，名为尿道海绵体。

海绵体组织内部有许多空间和腔隙，配合阴茎内的丰富血管参与

勃起，其中起主要作用的是阴茎海绵体。海绵体外有白膜包裹，起到限制海绵体过度膨大的作用。

"小弟弟"翘起来称为"勃起"，勃起是指动物的阴茎受刺激后血管舒张，大量血液快速地进入阴茎海绵体，最终致使阴茎撑起，变硬、变长的过程。

"小弟弟"不自觉地"站"起来，这种现象叫"自动勃起"，在青春期会特别常见，没有触碰，没有性幻想，它也会突然勃起，完全预料不到，也不能压制它。

男孩进入青春期后，随着体内雄激素水平的提高，性意识开始觉醒，有关性内容的听觉、视觉、嗅觉、触觉以及思维等刺激作用于阴茎，会使其勃起，这叫"精神性勃起"。

另外，因局部直接刺激，如对外生殖器的直接触摸，走路时被内裤摩擦，以及直肠、膀胱受到刺激也会引起阴茎勃起，这种勃起称为"反射性勃起"。

青春期男孩这种受到性刺激引起的勃起属正常生理现象，是青春期性发育成熟的标志，也是性激素分泌正常的表现，所以不用过多担心，无须治疗，更不要采用极端方式处理。

延伸知识

青少年早泄要注意

早泄，指提早射精。青少年朋友，对早泄的常识及其他性知识缺乏了解，以为性快感是很刺激的，但却不知道早泄会对自己的身体造成不好的后果。导致青少年出现早泄的罪魁祸首是过度手淫。

早泄可能导致未来不育，也可能导致性功能下降或性生活质量下降，因此在此阶段要注意改善。如果青少年有早泄症状，应注意照顾好自己，注意在日常生活中及时补充营养，减少手淫，防止早泄加重。此外，青少年朋友还应该注意进行适当的锻炼，如跑步、游泳等，这有利于健康。

最后，需要强调的是，出现早泄后，青少年一定要加以重视，不要因为面子问题而不及时去医院就医。此外，青少年要改正一些不良的生活习惯，不给早泄可乘之机。

老爸告诉你

亲爱的孩子，谢谢你能把你的烦恼讲给爸爸听，爸爸当年也遇到过这种糗事。当遇到刺激后，阴茎会变直、变挺，说明你的身体很健康。这种现象有时来得很突然，虽然你无法控制，但这是正常的生理现象。

下次再遇到它突然"站"起来，你就通过想一些别的事情，或者转个方向，总之要分散一下自己的注意力，不要太紧张，过一会儿就会好起来。爸爸还想告诉你，你现在的主要心思应该放在学业上，不要太早地谈恋爱，也不要太早和异性有身体接触，正值青春大好年华，你要加倍珍惜时间。

第三章

青春"微表情"——那个让我魂牵梦萦的人

青春期既是男孩女孩长身体和长知识的时期，又是他们对异性产生好感、爱慕的时期。在这一时期，男孩喜欢接近异性是正常的心理反应，但与异性交往要把握分寸，不要放任自己，不要让友谊变质。

一看见她，我就变成"小结巴"了

男孩青春小档案

姓名：涂乐兵	
年龄：13	
爱好：唱歌、弹吉他	
烦恼：每次同桌跟我说话，我都会脸红心跳。	

◆ 怎么办，我一见她就脸红心跳？

"怎么办？怎么办……"涂乐兵脑子里全是问号，他最近学习稳定，各方面表现也很好，只是突然多了一个毛病，每次看到同桌时脸会"腾"地红起来，心里"怦怦"乱跳。

涂乐兵小时候是一个很内向的孩子，每次爸爸妈妈带他出门，见到陌生人他都会躲到大人后面，妈妈有时把他拉过来，让他叫人，可他很局促，根本不开口。这时候妈妈总会冲着爸爸喊："看吧，你的好儿子，一点礼貌都没有！"

"他还小呀！"爸爸总是憨憨地笑着。

上小学后，涂乐兵渐渐放开了，他可以很快乐地跟小朋友们打打闹闹，可以很轻松地跟老师交流，可以回家时在电梯里笑着跟邻居打招呼……总之，原来那个"见人就躲"的小家伙像换了一个人，变得开朗多了。

为此，妈妈还常常冲人说道："你们不知道，别看我家兵兵现在又礼貌又懂事，小时候可是一个小呆瓜呢！"

"那你是怎么让孩子的性格转变的呀？"对方问。

妈妈一脸得意地说："我什么都没做呀，就是孩子自己长大了！"

涂乐兵每次听到妈妈这么说，都会轻轻地笑，笑妈妈那孩子似的炫耀。

但是，涂乐兵又开始担忧起来，因为他觉得自己最近像回到了小时候，特别是看到同桌的时候，脸红心跳，还没开口说话，他的心就已经像是要跳出来了。

"你干吗呢？"一个声音传来，涂乐兵不用看就可以分辨出这是同桌的声音，此时他的心跳已经开始加速了。

同桌又轻轻拍了一下涂乐兵，涂乐兵吓得赶紧转过头来，说"没事儿，发……发呆。"

"哈哈，怎么还结巴上了？"同桌发出银铃般的笑声，轻轻坐在自己的座位上，一股香气向涂乐兵扑来。

涂乐兵下意识地揉了揉鼻子，手碰到了脸，发觉自己的脸似乎有些发烧。

"你这是怎么了？"同桌也注意到了，伸手去摸涂乐兵的额头，这下可好，他的脸更红了，心跳得更快，好像要蹿到嗓子眼儿了。

"我……我还是去医务室看看吧！"说完，涂乐兵逃也似的跑了，留下了一脸错愕的同桌。

当然，涂乐兵根本不用去什么医务室，他在外面转了一圈，脸不

烧了，心跳也恢复正常了，但他变得更忧心忡忡，这以后怎么办呀？

专家帮帮忙

青春期男孩见到女孩脸变红是一种正常的生理和心理反应。当男孩进入青春期，生理与心理都会发生巨大的变化，随着性心理的成熟，他们对异性产生很大的好奇心，促使他们想要了解女孩，但却又很害羞。当遇到女孩时，就会反射性地引起人体交感神经兴奋，去甲肾上腺素等儿茶酚胺类物质分泌增加，从而使男孩的心跳加快，同时，引起脸部的皮下小血管扩张、血流加快，造成生理性脸红。

青春期男孩生理和心理都在快速变化之中，他们的身体状况及内心活动与成年人相比都存在着极大的不同。比如，他们喜欢一个女孩却可能会故意疏远或者不理睬她。简单来说，他们对异性很好奇，但表现出来的却是对对方的排斥。他们内心越渴望和异性交往，表现出来的却是越害羞，外在表现为脸红、心跳、对女孩不理不睬等。

延伸知识

怎样做才能跟女孩说话不结巴？

结巴是一种语言障碍，表现为与说话正常、流利的人在频率和强

度上不同，且有非自愿的重复、停顿、拖长发音等。不过，一般人在情绪突然发生变化，如感到紧张、恐惧或高兴时，都可能会出现类似结巴的症状。

男孩随着生理的变化，心理也会发生相应的变化，他们开始对异性产生极大的好奇，但心理与外在表现又往往不能统一，所以当他们心里对女孩极其感兴趣时，会引发心理紧张，导致自己一跟女孩说话就结巴。这种现象由心理产生，必然就要深入心理去解决。

一、多和异性交往，减少好奇心

如果害怕某件事，就越要迎难而上。当真正了解了女孩，战胜了心理上的害羞与恐惧，并形成习惯，你自然就不会再结巴了。

二、淡化性别意识

如果不能直面异性，那就要纠正自己的思想，把异性当成同性去对待，想象一下自己平时和男同学都是怎么交往的，试着在和女同学交往的时候"移植"一下。特别是一些会产生遐想的敏感问题要避开，否则会让你更加紧张。

三、多参加一些团体活动

多参加团体活动，特别是有女生参与的活动。面对一群女生，其指向性是模糊的，那么人便可以放轻松，自然也会慢慢克服见到女生就紧张的心理了。

老爸告诉你

儿子，你是在什么情况下见到女生就会脸红呢？不用害怕，当年爸爸见到女生偶尔也会脸红，特别是见到自己在意的、喜欢的女生时我的脸会瞬间变成一张大红纸。放心，随着你年龄的增长，身体渐渐发育成熟，这种现象就会消失。好好吃饭，多多读书，把你的注意力放在学习上，周末多参加一些集体活动，相信你一定会克服这个小问题的。

隐秘的幻想：我是坏孩子吗？

◆ 我见到喜欢的女孩为什么总有"那方面"的幻想？

张萌宇是个品学兼优、开朗活泼的男孩，在生活和学习中有一种不怕困难、勇往直前的拼搏精神。老师安排给他的每项任务，他都能够胜任，可以说没有一件事能难倒他。甚至站在全校师生的面前讲话，他也没有紧张或者脸红过。

他一直觉得自己是一个特别优秀的男孩，但是最近发生的事情让他开始怀疑自己了。

那是一节体育课，当他跟几个朋友打完篮球，大汗淋漓地抱着球回教室时，他突然看到了那位他心里一直暗暗喜欢的女同学——小如。

朋友也都知道小宇喜欢小如，正是青春年少爱开玩笑的年纪，大家便嘻嘻哈哈地喊："小如！你家小宇在这儿呢！"

小宇也跟着一起笑，几个人推推拉拉地把小宇往小如身边推，小宇也就跟着一起去逗小如，眼看小如急了，几个大男孩又哈哈大笑起来。

　　他们回到班里，小宇回头看向小如，小如正拿着课本扇风，衣服随风呼呼地鼓着。小如穿的衣服比较薄，那衣领吹起来，里面的内衣肩带乍隐乍现……小宇看呆了。

　　从这天开始，小宇每次看到小如都会想到"内衣""胸"，有时甚至想到"那方面"的事，幻想着自己跟小如在床上滚来滚去的样子。每每出现这些想法，小宇是又激动又不安，甚至还有些羞愧，他觉得自己像一个"坏孩子"。

　　小宇一直是很优秀的孩子，可他现在总想盯着小如看，上课特别容易走神儿，后来发展到看到一些比较漂亮的女生时，便总会有一些"想法"。

　　"怎么办？我的思想简直龌龊极了！"小宇跟好朋友摊牌，想听听好朋友有没有什么主意，因为这个朋友有个小女朋友。

　　朋友摊摊手说："哥们儿，你想靠我有点难了，我有时也会有那样的想法，我觉得挺正常呀！"

　　"正常什么？！都影响我上课了，我上课会不自觉地看她，有时甚至会想到自己与小如一起牵手去公园，在公园的角落里'甜甜蜜蜜'。我真的害怕极了，怎么会有这种想法呢？"小宇低着头，似乎是在自言自语，又仿佛是跟朋友诉苦。

　　朋友摇摇头说："你这算什么！别天天瞎想，没什么事儿！"

　　虽然听了朋友的劝解，心情好了很多，但是看到小如，小宇又开始乱想，过后又很自责，心情简直糟糕透了。

专家帮帮忙

　　人的性腺在出生后基本处于沉睡状态，儿童期不会产生性兴奋。但到了青春期，随着性腺开始发育并逐渐趋于成熟，它就会产生性激素，即男性的雄激素和女性的雌激素。在性激素的刺激下，人便会有性意识，所以青春期的男孩看到女孩时便会产生好奇、想探究的心理，这种心理也自然会与性联系到一起。

　　性幻想是人类最常见的性现象。每一个心智健全的人都会有这样那样的性幻想，只不过在出现频率、长短、内容、性质以及对待它的态度等方面存在着较大的差异。青春期的男孩，无论身体还是心理，都还远未成熟，但对性存在着极大的好奇，于是，常常在性的刺激下产生与之相关的联想，并且时时产生性冲动，我们称之为"青春期性幻想"。这是发育过程中正常的性生理和性心理现象。

延伸知识

怎样做才能克服"冲动"？

　　青春期的变化对于人的一生都有着深远的影响，此时如果不能及时发现问题，修正问题，就会对日后的生活产生极大的影响。青春期

的孩子极容易产生各种各样的异常心理，特别是在性发育的过程中，他们的性意识逐渐萌芽，正是会产生性幻想的时候，也会因为这些幻想而吓到自己，感到恐惧和害怕。那么当我们产生这些想法时，怎么做才能克服这些"冲动"呢？

1　自我催眠法

当遇到外界刺激，产生一些性幻想时，可以进行自我暗示和鼓励，对大脑进行催眠，来对抗冲动情绪。

2　情绪转移法

当产生"冲动"时，一定是某个"刺激点"刺激到了自己，此时最正确的方法就是远离"刺激点"，使自己的情绪稳定下来。

3　深呼吸法

受到某些坏情绪干扰时，可以安静地闭上眼睛，深呼吸，反复循环，一段时间后，你就发现肌肉会放松下来。

老爸告诉你

孩子，你能把这件事告诉爸爸，爸爸真的很开心，不要将这件事放在心上，那不是你的问题，而是青春期很多孩子都必须面对的问题。你现在正处于青春期的大好年华，不要受这些情绪的干扰，让心回归于学习，当你变得更加优秀，你身边的女生也会更加优秀。等你长大再回过头来，你会发现，你的审美观一点点地发生着变化，而喜欢的点也在发生变化。

儿子，不要因为一时冲动而做出过分的事情，稳定自己的情绪，好好迎接灿烂的明天。

那些让女孩反感的行为

男孩青春小档案

姓名：张霆

年龄：16

爱好：绘画、唱歌

烦恼：我总感觉身边的女孩不喜欢我。

◆ 为什么身边的女孩都"烦"我?

张霆是一个十分帅气的男孩，酷爱画画，周末的时候常常和小伙伴们一起去公园写生，而且他性格开朗，很豪爽，有很多朋友。但是——关键问题就是这个"但是"，张霆身边竟然没有几个女性朋友，而他的好哥们儿刘宪身边常常围着一群女孩。

在公园大家常常会看到这样的场景，张霆抱着大画夹在河边写生，身边两三个朋友有一句没一句地聊着游戏、电影；刘宪也是抱着大画夹写生，身边却有几个女孩，一起讨论着绘画的角度，如何选择景物以及用色，他们时不时地传来"咯咯咯"的笑声，其乐融融。

每到这个时候，张霆他们总是停下手中的画笔，看向刘宪，而刘宪每次都故作深沉又暗含得意地笑着!

"气死我了!"张霆对身边的朋友抱怨说，"咱们几个哪里差了?你说论个头，咱都快一米八了，那小子才一米七；你说论长相，咱们

哪一个比他长得丑？怎么就他身边围一群女孩呢？"

"哈哈哈，你小子怎么突然关心起这个问题来了？"一个朋友说。

另一个朋友也附和着说："也不知道谁说'女人就是麻烦的生物'，要尽量远离！"

张霆白了一眼朋友，说："是呀，我是常说这个，但是我看着刘宪那小子那么得意，我心里就觉得烦！"

和朋友吐槽几句，他背起画夹就回家了，心想：眼不见为静，我不生那个闲气！

张霆回到家，哥哥正在跟朋友聊天，没聊一会儿，电话响了，哥哥马上关了电脑接起电话。张霆瞥了一眼，原来是准嫂子打来的。

过了半个多小时，哥哥回来了，张霆问："哥，你多大谈的女朋友？"

哥哥先是愣了一下，然后若有所思地问："你……这是有女朋友了？早恋会影响学习的！"

"不是，我没有！"张霆赶紧说。

"那你问这个干吗？"哥哥问。

张霆笑笑说："我只是好奇，为什么你们会受女孩欢迎？"

哥哥哈哈大笑："为什么？因为魅力呗！我告诉你，当年可是你嫂子追我的。没事儿，咱家人，都长得这么帅，肯定有女孩喜欢的！"

"可是我没有……"张霆叹了一口气。

"你还小，急什么，重要的是学习！"

张霆点点头，说："哥，我悄悄地告诉你，你不要告诉别人啊，我总想让女生关注我，常常故意调皮让她们能看见我，可是，她们要么

白我一眼，要么瞪我一眼，根本不喜欢我！"

哥哥笑着说："你是不是故意耍个帅，开个玩笑，想引起女孩关注呀？是不是还故意去逗她们？"

"对呀，对呀！"张霆点点头，"但是，效果跟预期差得好远！"

"那你是不了解女孩喜欢什么样的男生，有时候你做的事不仅不会招她们喜欢，可能还会招她们厌烦呢！"哥哥说。

"那我该怎么做呀？"张霆问。

"怎么做？我要是知道的话，早就有女朋友了，何苦等到大学毕业！笨弟弟！"哥哥用手弹了一下张霆的脑门，走了。

张霆用手摸着脑门，叹了口气，心想：看来我是招不来女孩喜欢啦！

专家帮帮忙

青少年正值青春发育期，由于性生理发展和逐渐成熟，性意识开始觉醒。他们强烈地意识到男女有别，意识到男女之间的交往与同性之间的交往，无论是交往的方式还是交往的内容，都会有许多不同。

在异性面前，青春期的孩子有些会表现得热情、兴奋，用种种方式表现自己；有些则表现得慌乱、羞怯和不知所措。科学研究表明，青春期异性之间相互吸引，他们呈现出各种表现，是正常的心理变化，是有其生理基础的。

青春期孩子面对生理和心理的双重变化，一定要保持理智，自觉

地运用道德和法律规范自己的言行、克服头脑中不正当的欲念，用理智战胜感情的冲动，调整好自己的状态，把主要的注意力放在学习、兴趣爱好等方面，将自己打造得更加优秀、强大，如此自然会得到别人的关注和认可。

📖 延伸知识

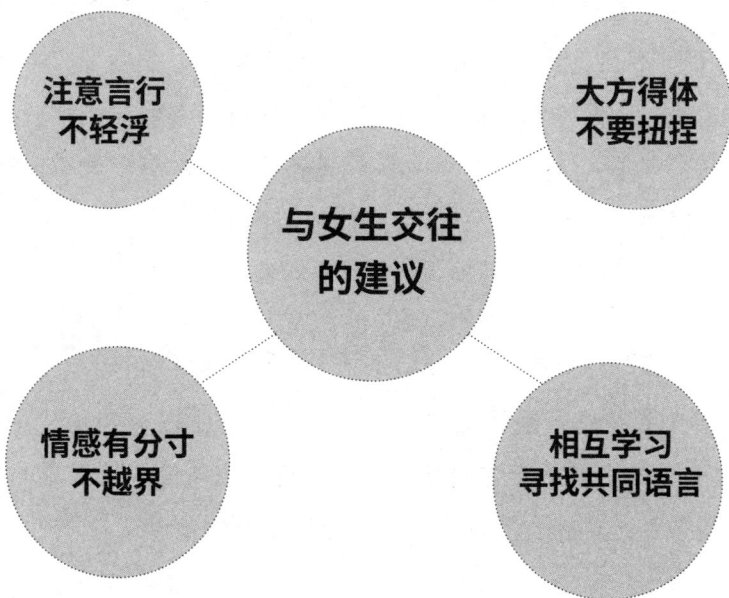

男孩的哪些行为不受人欢迎?

一、心胸狭窄

我们常说，做人要有气度。心胸狭窄的人，会极大地降低别人对自己的好感，不但女生不会喜欢，甚至周围的人都不会喜欢。

二、自吹自擂

人是有虚荣心的，为了讨好自己喜欢的人，常常会说一些大话。但是时间一长，就容易暴露，大话变成空话，反而会弄巧成拙。

三、背后说人

如果男生在背后议论别人，不但不会让女生产生共鸣，反而会引起她们反感。

四、"中央空调"

有些男生的身边常常会围绕很多女生，他们像"中央空调"一样，看似对谁都很好，却不会让女生有安全感，让人觉得不可靠。

五、脾气暴躁

男生有些脾气是正常的，但过于暴躁会让人产生压迫感，自然会让女生敬而远之。

六、盲目自信

男生应该有自信，但是不能盲目自信，要清醒地认识自己的优缺点。

老爸告诉你

听说你很羡慕那些受女生欢迎的男生。孩子,其实你不是不受欢迎,而是没有好好地修正自己。就像一棵盆栽,我们没有修整前,它长得十分零乱,不好看,但是一旦我们拿起剪刀,狠下心来把旁逸斜出的枝丫修剪掉,修出最美丽的样子,自然就会有很多人来欣赏。

孩子,不要烦恼,无论在生活中还是学习中,我们都应该养成良好的行为习惯,这不仅仅是为了博取异性的好感,而且也是一种自我的提升。老爸相信你,加油!

初恋，一朵带刺的玫瑰

男孩青春小档案

案例导读

姓名：郭晓鹏

年龄：14

爱好：唱歌、跳舞

烦恼：我真的不想分手，我真的喜欢她。

◆ 我真的不想分手，我真的喜欢她。

九年级六班传出了一个小故事，关于郭晓鹏的甜蜜故事。

那是一个晚自习，同学们都在写作业，学生会纪检部的郭晓鹏负责今天的楼层值日，他像往常一样拿着笔记本在楼道里巡查。突然，从六班跑出来一个女生，与郭晓鹏撞了个满怀。女生一愣，连忙说："对不起，对不起！"说完头也不回地跑下楼了。

看不到女生的影子了，郭晓鹏才醒过神儿来，连忙打开六班的门，问："刚刚谁跑出去了？"

班长看到郭晓鹏，连忙站起来说："杨雪！校门口有人找她，说家里有事。"

"那也不能招呼都不打就往外跑呀！"郭晓鹏嘀咕着，在本子上写下了"杨雪"两个字。

第二天，郭晓鹏照例去操场跑步，刚做完准备动作，就被一个女

生一把拉住,吓了一跳,他问:"干吗?你谁呀?"

"我谁?我听说昨天你把我名字记下了,是吧?你没交上去吧?给我擦了!"

郭晓鹏这才知道,拉住自己的,正是昨晚擅自跑出教室的杨雪。他仔细一看,杨雪长得白白净净的,扎着一条长长的马尾,正皱着眉头,看上去"奶凶奶凶"的。郭晓鹏瞬间喜欢上了这个女孩儿。

"看什么看!你到底擦不擦?"杨雪见郭晓鹏不说话,急了。

郭晓鹏笑笑说:"我交上去了呀!你叫杨雪是吧?我是五班的郭晓鹏!"说完,他自己都觉得好笑,怎么就突然自我介绍起来了呢?

"啊!?交上去了是吧?不就撞了你一下吗?小气!"杨雪白了郭晓鹏一眼,就上了跑道。

郭晓鹏看着跑远的杨雪,心里像是有只小鹿一样,怦怦直跳,他三步并作两步跑上前,说:"杨雪,咱们交个朋友吧!"

"什么?"杨雪皱着眉白了郭晓鹏一眼,"交什么朋友,有毛病!"

郭晓鹏笑笑,没有再说话,但一直跟随着杨雪的脚步跑。杨雪快,他就快;杨雪慢,他就慢。青春年少的季节,总是会很快熟络起来,杨雪又是大大咧咧的性格,不一会儿他俩就嘻嘻哈哈地聊了起来。

之后,郭晓鹏便总往六班跑,杨雪也在郭晓鹏的软磨硬泡之下答应做他的女朋友啦!他们两人的事情在六班,甚至整个年级都成了"美谈"。

世上没有不透风的墙,事情很快被他们的班主任知道了,双方家长自然也知道啦。郭晓鹏被爸爸妈妈轮流做思想工作,杨雪也好不到

哪去，爸爸妈妈虽然没有明说，但也旁敲侧击地给她普及早恋的危害。

两人虽然很想坚持下去，但顶不住外界的种种压力，还是决定分开了。

专家帮帮忙

生理学家研究发现，处于青春期时，人体会分泌一种"外激素"，它是从腋窝、乳房周围的皮脂腺开口处分泌出的一种物质。这种神秘的"外激素"，通过空气传播刺激异性，协调异性的循环、呼吸、内分泌、生殖系统的生理活动。"外激素"随着性成熟而逐渐增强，形成青春期孩子对异性的一种吸引力。

青春期，是第二性征逐渐成熟的时期，这个时期人体的荷尔蒙逐渐增加，从而导致异性对自身的吸引力逐渐增加。所以，此时的青少年会有"喜欢"上异性的冲动，虽然两个人悄悄以"男女朋友"的关系相处，但并不是真正意义上的恋爱。

从心理学的角度来说，青春期孩子对异性产生好感，男女生之间产生朦胧的情感是这一阶段特殊的心理变化，他们能够明确地感觉到自己"爱"上了一个人，愿意和这个人相处，甚至会出现一些特殊的心理感受，这些都是正常的心理变化，是男女生必然要经历的一个过程。简单来说，青春期的"喜欢"是一种正常的心理变化，此阶段的"恋爱"对于青春期的孩子来说很重要，所以大人要选择合适的方式去处理，

否则会直接影响青少年的心理发展。

延伸知识

早恋的危害

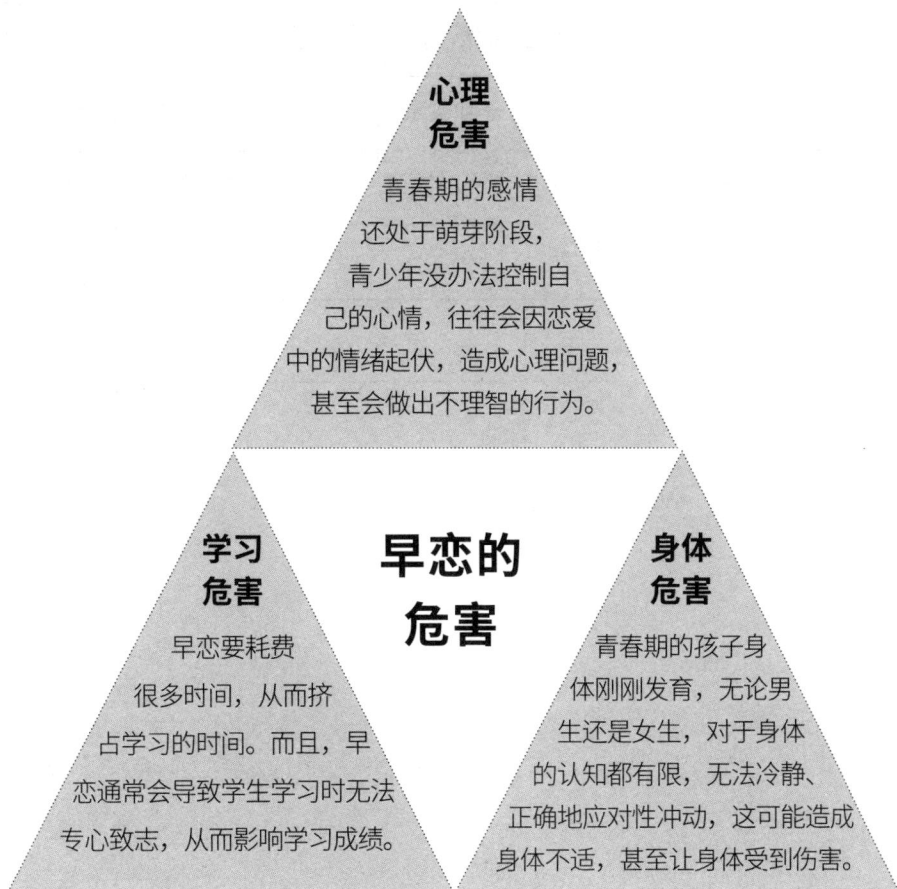

心理危害
青春期的感情还处于萌芽阶段，青少年没办法控制自己的心情，往往会因恋爱中的情绪起伏，造成心理问题，甚至会做出不理智的行为。

学习危害
早恋要耗费很多时间，从而挤占学习的时间。而且，早恋通常会导致学生学习时无法专心致志，从而影响学习成绩。

早恋的危害

身体危害
青春期的孩子身体刚刚发育，无论男生还是女生，对于身体的认知都有限，无法冷静、正确地应对性冲动，这可能造成身体不适，甚至让身体受到伤害。

老爸告诉你

孩子，如果有一天你喜欢上了一个女生，一定要告诉爸爸，爸爸会帮你一起去梳理情绪，帮你判断你到底是"喜欢"还是"爱"。假如现在你已经喜欢上了一个女生，也要告诉爸爸，我相信你可以正确地面对这件事情，我不反对你去喜欢，但是你要知道如何去喜欢。真正喜欢一个人应该是双方相互成就，而不是相互产生消极的影响。

爸爸希望你对"喜欢"有一个清醒的认识，我一定会站在你的立场上，给你留出足够思考的时间和空间，我们一起去思考、去面对、去解决。

第四章

和老爸的"权力游戏"

进入青春期后，是不是总想跟爸爸唱反调？是不是总觉得爸爸不爱自己？是不是控制不住自己有时讨厌爸爸？这是因为你开始建立自我意识，你开始觉得自己是个像爸爸一样的男人了。

挑战家庭秩序的力量正在崛起

男孩青春小档案

姓名：林军

年龄：15

爱好：弹吉他、电子琴

烦恼：想自己做主，却被爸爸训斥。

◆ 我的事情为什么我不能做主？

暑假开始了，林军很高兴。以前暑假都是爸爸妈妈安排各种补习班、特长班，现在他觉得自己长大了，应该自己安排时间，制订计划了。

爸爸妈妈做了一大桌子菜，林军刚进门，妈妈就迎上来，高兴地说："小军，终于放假了，妈妈好想你呀！"说完，一把抱住了林军。

林军也很想妈妈，但想到自己是男子汉，强忍住了泪水，说："嗯嗯，我也想您，这不是放假了吗？"

爸爸关心地问："成绩怎么样呀？"

"放心，还在年级前十。"林军回答说。

"太棒了！不愧是我的儿子！"爸爸高兴地哈哈大笑。

一家三口欢欢喜喜地坐在一起吃饭，爸爸妈妈眉开眼笑地给林军夹菜。林军看了看他们，说："爸爸妈妈，我今年暑假准备参加一些户外活动，你们觉得可以吗？"

妈妈笑着说："都有什么活动啊？说来听听。"

林军放下筷子说："有一些野外探险类的，还有参观类的，比如参观航天基地、科技馆之类的，你们觉得怎么样？"

"我觉得吧，这两个都不太好。"妈妈说，"你看，野外探险太危险了，你还不太会照顾自己；参观类的吧，太专业了，不太适合你们，即便你到了那里，也不懂那些啊。"

"嗯嗯，我觉得你妈妈说得有道理。你想参加户外活动，干脆咱们全家去旅游吧！"爸爸提议道。

"好好！"妈妈也点头，"旅游不错，到时候我们全家一起去旅游吧。"

林军轻轻拿起筷子，咬着筷子头说："可是……我已经报名啦！"

妈妈沉默了一会儿说："那这样，我给你老师打电话，咱们取消好不好？"说着，妈妈就拿起手机要打电话。

"妈妈！"林军"腾"地站了起来，"不要，我都已经报名了，而且我想和同学们一起去！"

爸爸看林军突然急了，也放下筷子，说："你可以好好跟妈妈说话，着什么急呀！"

"以前，每年暑假我都听你们安排，你们说什么是什么，这次我就想自己做主，怎么啦！"林军已经快要哭出来了。

爸爸皱起眉头，说："你刚回来，我们忙了半天，做了一大桌子菜，有话不能好好说吗？"

妈妈坐下来，劝说着："小军呀，你们学校的项目并没有什么有趣的，如果你不想和爸爸妈妈出去旅游，爸爸妈妈可以帮你找一些机构

报个名呀！"

"我不！我就要参加学校的项目！"林军扭头回到自己房间，"哐"的一声把门关上。

爸爸妈妈没有再说话，林军自己在屋子里生闷气。

第二天一早，林军早早起床，对妈妈说："妈妈，我是个大人了，我不再是一个小朋友了，我有能力分析问题，也有能力解决问题！"

妈妈点点头，说："好吧，你可以试一试！"

"不行！"爸爸从房间出来，"你现在还是个乳臭未干的半大小子，懂什么！你有探险知识吗，就去野外探险？你懂专业知识吗，就去参观？"

爸爸的话一下子又激起了林军的"斗志"，林军大声说："因为不懂才去嘛！你为什么不信我呢？"

爸爸说："你才多大，就学会了跟爸爸妈妈顶嘴！回你房间去，这个暑假你就在房间待着吧，哪儿也别去！"说着，一把把林军推回了房间。

林军在房间里大哭起来，他不明白自己哪里错了，为什么就不能自己做主呢？

专家帮帮忙

青春期最重要的一种情绪就是叛逆，导致青春期叛逆的原因有以下几个方面：

```
┌─────────────┐        ┌─────────────┐
│  心理因素     │        │   教育因素    │
└─────────────┘        └─────────────┘
           ╭───────────╮
           │  青春期    │
           │  叛逆      │
           ╰───────────╯
┌─────────────┐        ┌─────────────┐
│  家庭因素     │        │   社会因素    │
└─────────────┘        └─────────────┘
```

1. 心理因素：青春期正处于心理上的"断奶期"，此时孩子的独立意识和自我意识日渐增强，他们会有很多自己的想法。如果此时大人仍把他们当成小孩子，那他们就会产生逆反心理，就会显得比较叛逆。

2. 教育因素：孩子在学校、家庭中一直处于被动接受教育的过程，如果此时家长、老师等对他们的教育方式、方法不恰当，他们会感到自尊受了伤害。此时处于青春期的他们会觉得自己受到了"质疑""排挤"等，经常这样"受挫"就会产生逆反心理。

3. 家庭因素：青春期的孩子多多少少都会有点逆反，而有些孩子表现得比较强烈，有些孩子可以"平安"度过。表现比较强烈的孩子很多都是受家庭因素的影响，有些家长凡事不跟孩子沟通，习惯用粗暴命令式的语气使孩子屈服，不给孩子任何自主空间，不给孩子说话的机会。这样，孩子就会对家长的教育方式产生极大的反感和抵触情绪，因此产生叛逆的心理。

4. 社会因素：现在信息交流纷杂，媒体不恰当地引导，网友不恰当的评论等都会诱导、夸大青春期孩子的逆反心理。

延伸知识

怎么避免权力之争？

青春期的孩子自我感觉"长大了"，想"展示"自己，而能让他们展示自己的地方往往只有家庭，所以家长与孩子之间才会产生权力之争。那么如何避免"矛盾"激化呢？

1

平等看待孩子

父母应该改变孩子一切都要听家长安排的固化思维，平等看待孩子，不应该居高临下去约束孩子。

2

给孩子一定的权力

孩子也有独立人格，父母要尊重孩子的选择，让孩子自己做决定，让孩子有一定的自主权。

3

引导孩子使用权力

给孩子"放权"的同时，也要适时引导，当他们的权力得到认可时，叛逆心理自然就会减弱。

老爸告诉你

孩子，你现在已经长大了，有些事情可以自己做主，但有些事情因为你的经历、知识有限等原因可能会导致你考虑事情不全面，所以你可以讲出你的观点，然后我们一起商量。我像你那么大时，一直觉得自己特别有能耐。现在回想起来，当时的想法确实有些问题，考虑得不够成熟，不够全面。孩子，你的成长让爸爸觉得很欣慰，也希望你把我当成"军师"，我能帮助你变得更加优秀。

父爱不能"躲"

男孩青春小档案

姓名：徐卿

年龄：14

爱好：书法、绘画

烦恼：我觉得爸爸不爱我。

◆ 怎么办，爸爸好像不爱我？

徐卿是一个表面上看起来很乖的孩子，但是很令班主任头疼。

徐卿在寄宿制学校上学，一个月才能回家一次。每次放月假返回学校的第一周徐卿会很反常，不是喝酒、抽烟，就是骂人、打架；接下来的两周会很乖，一心学习；而到了回家前的那一周，他就又开始他的"表演"。

班主任就徐卿在学校的表现多次跟他的家长沟通，家长的态度很好，可问题就是解决不了。

"老师，徐卿点了外卖，让外卖叔叔把东西从大门口底下塞进来的。"一个同学来打小报告。班主任李老师知道，徐卿今天晚上又要喝酒了，他赶紧匆匆地赶到男生宿舍。

果然，徐卿已经开了一瓶啤酒，正跟他同宿舍的人喝着。

"徐卿！"班主任一把推开宿舍门，"怎么又在宿舍喝酒，能不

能不给我找麻烦！"

徐卿看了班主任一眼，说："老师，您不推开我的门，您就不会看到，连宿管老师都睁只眼闭只眼，您这是何苦呢？要不把我家长叫来？"

李老师气得一时语塞，愣了好一会儿，他拿起手机给徐卿家长打电话。

电话那头是徐卿的妈妈，她连连道歉，然后就是说好话："老师呀，您再原谅他一次，让他上完这几天的课，等他回来我们一定好好说他。"

李老师实在没办法，只好找来宿管老师，没收了徐卿的啤酒。

周五，妈妈来接徐卿，找到老师说："老师呀，让您费心了！我实在没有办法呀，他爸爸忙，顾不上他，我管他他又不听！"

李老师点点头说："我们费心没事儿，主要是您得好好说说孩子呀！"

"好，好！"徐卿妈妈连连点头。

回到家，徐卿妈妈说："儿子，你能不能不给我找事儿呀？"

"我哪跟您找事儿了？不就喝点酒、抽个烟吗？"徐卿满不在乎地说。

"这是小事吗？"妈妈急了，转头对着爸爸说，"你也不管一管吗？老师总告状，我都快烦死了！"

爸爸站起身来，说："你管吧，我呀，等会儿要开会！"

"你总是这样！怎么我一着急你就躲？比你儿子躲得还快！"妈妈生气地甩手关上房门。

徐卿笑着说："看吧，妈妈，您还是少着点急比较好！"说完也甩

手关上了自己的房门。

但是，徐卿回到房间眼泪"唰"地掉了下来，他无论是乖巧懂事，还是招惹是非，无论是考出好成绩，还是闯下多大的祸，始终得不到爸爸的一点关注。

同学说只要闯的祸够大，爸爸就一定会出面解决。他觉得自己的祸已经闯得不小了，妈妈每次都急得要打人，可爸爸见妈妈急，还是"溜之大吉"，这次又是很快地开车出门了。

"难道爸爸不爱我吗？"徐卿呆呆地看着窗外自言自语地说，"唉，爸爸可能真的不爱我吧？！"

专家帮帮忙

父亲承担的职业职能，以及他在社会上长久固有的思想，决定了在大部分家庭中父亲参与抚养孩子的时间少于母亲。但大量的研究资料表明，父爱在婴儿的成长中起着重要的、不可取代的作用。父爱对孩子的影响远不止智力方面，还涉及体格、情感、性格等方面。与父亲接触少的孩子，体重、身高、动作等方面的发育速度通常要落后一些，并普遍存在焦虑、自尊心不强、自控力弱等情况，表现为忧虑、多动、有依赖性，被专家称为"缺少父爱综合征"。

因为父亲引导孩子参与的游戏往往更具有运动性、技术性和智能性，父亲比较多地以独立、进取、合作等男性特征影响着孩子，孩子

也会从父亲那里学到一些操作技能，比如修理车辆、机械、使用工具等，使孩子动手操作的能力更强。

中国青少年研究中心曾经发表了《当代中国少年儿童发展状况调查报告》，数据显示：仅有 10% 的少年儿童在心情不好时能够得到父亲的理解和安慰；仅有 6.9% 的少年儿童在空闲的时间能和父亲待在一起；仅有 15.5% 的少年儿童觉得父亲很尊重自己，能让自己感到自信；仅有 8.5% 的少年儿童愿意把内心的秘密告诉父亲。特别是到了青春期，男孩会更加需要父亲的参与和指导，父亲就像一股道德的力量，他在时刻约束着儿子的行为。简单来说，青春期男孩是否变"坏"，父亲起着关键性的作用。

📖 延伸知识

父爱缺失对孩子会有什么影响？

进入青春期，也许忽然之间，男孩就会发现自己的身体发生了巨大的变化，他们会突然觉得自己力量变大了，如果此时"缺失父爱"，可能就会对青春期男孩的性格造成不可逆的影响。

中国家庭中 90% 的青春期男孩因父爱缺失导致叛逆、厌学、沉迷网络游戏，甚至出现违法行为等。

缺乏安全感，做事没"底气"

孩子在成长中如果缺少父爱，极有可能会产生自卑、怯懦等心理。

以自我为中心，很娇气

孩子容易因为溺爱和娇惯而养成娇气、蛮横的性格。

缺少阳刚之气

男孩在成长过程中缺少父亲的影响，他们会更多地受到母亲的性格影响，缺乏阳刚之气。

老爸告诉你

孩子，因为工作的原因，爸爸陪你的时间可能会较少，但爸爸非常爱你。爸爸像你这么大时，已经可以帮着做家务了，所以，孩子，你现在要像个大人，自信勇敢、具有主见，了解爸爸妈妈很辛苦，照顾好自己，让自己更好地成长，要成长得更加优秀。不用害怕，在你最危险、最无助的时候，爸爸一定会站在你的身后支持你。因为爸爸是孩子的靠山，是孩子的主心骨。相信爸爸，爸爸爱你！

两个男人该如何有效沟通

男孩青春小档案

姓名：张松

年龄：15

爱好：书法、绘画

烦恼：我觉得现在很讨厌爸爸。

◆ **怎么都是我的错。**

张松最近面临一个重大抉择，他不知道自己该怎么办，当他想跟爸爸商量一下时，爸爸的态度又让他受不了。

事情是这样的，某技术学院来张松所在学校招委培生，大概意思是只要签订合同，等张松毕业后就可以直接去他们学校学习，最后颁发大专文凭。

张松将宣传页给了妈妈，妈妈问张松的想法，张松说："我还是想正常读完中学，哪怕考上一所普通高中，我将来也能上一所普通的大学，我不太想签这个合同。"

妈妈点点头说："那好吧，回头我找你爸商量一下。我觉得签这个合同也不错，最起码你学起来会很省力。"

"嗯，也行。"张松其实心里也是很犹豫的，如果他拿定了主意，就根本不会把宣传页拿回家了。

晚上快 10 点了，张松爸爸才下班回家，妈妈一边给爸爸热晚饭，一边跟爸爸说张松的事情。张松心里有事，听爸爸回来了，便打开房门出来，可他还没张嘴叫爸爸，爸爸就朝他瞪起了眼睛："你怎么还没睡？明天不上学吗？是不是玩游戏了？"

张松咽下了"爸爸"两个字，回答说："没有，我等你回来商量签合同的事。"

爸爸手里拿着宣传页，粗略地看了一眼，说："这有什么可犹豫的，你学习那样儿，我还指望你上重点高中，考清华、北大吗？签，明天就签！"

"我不想签！"张松坚定地回答。

"不签？你懂个啥呀！明天就去签，我给你班主任打电话。"爸爸连看都没看一眼张松，径直去餐厅吃饭。

张松立刻跟上去，大声说："我想考高中，考大学，我不喜欢这专业！"

妈妈见张松急了，忙走过来说："你是怎么了？你刚刚不是说心里犹豫吗？"

"我不犹豫了！"张松瞪着吃饭的爸爸说，"我为什么总被你瞧不起？我就要证明给你看！"

爸爸把筷子一摔，也急了："这是谁把你惯成这个样子的，跟你老子叫板？"

"你凭什么来给我做决定？"张松也不服输，一把把眼泪擦干。

"我倒是指望你光宗耀祖呢！你长那脑袋了吗？小兔崽子，我没

日没夜地工作,反倒成了罪人了?敢跟我这么说话!"爸爸说着,就要去抓张松。

妈妈见状赶紧一把抱住张松,送他回房间,对他说:"你这是干什么?你爸爸上一天班,多辛苦呀,你还跟他顶嘴?"

张松哭着说:"我也不想,可他怎么总是这么损我?他上班辛苦,那妈妈上班不辛苦吗?我上学不辛苦吗?他天天这么大脾气,觉得别人都对不起他,我不想被他这么打击……"张松越想越委屈,趴在妈妈怀里大哭起来。

妈妈好不容易安抚好了张松,走出房间,看到饭没有动,爸爸自己一个人呆呆地坐在餐桌旁。

"你有没有发现,这小子最近总跟我叫板?"爸爸见妈妈出来说。

妈妈白了一眼爸爸,回答说:"现在孩子已经大了,有自尊了,你这天天说他,他能乐意吗?快吃饭,吃完睡觉去!"

张松听到了爸爸妈妈的对话,心想:到底是谁做错了呢?我怎么现在一听爸爸说话就会很烦躁呀?他躺在床上,久久不能入睡……

专家帮帮忙

美国的心理学家托马斯·戈登说:"青春期孩子反叛的不是父母,而是对抗他们的权威。如果父母从孩子出生时就可以较少地依靠权力去影响和教育孩子,当孩子青春期时,他就没什么好反抗的。"

青春期男孩，经常会被负面的情绪控制，在由父母构成的原生家庭中，他们会将主要的力量放在父亲的身上，因为他们觉得父亲的力量强大，是"值得"抗衡的。根据调查发现，越是在童年时期受到溺爱的孩子，青春期对父亲的叛逆行为就越明显。

在孩子出现这种情况时，要注意以下几个方面：首先，可以渐渐增加孩子力所能及的事情，让他自己去完成，这样不仅能培养他的独立能力，还能增强他的自我成就感，而且还可以让他在这过程中发现自己的缺点和不足；其次，寻找机会与孩子谈心、讲道理，让孩子理解父母的艰辛和苦衷，逐渐培养平等的父子关系和母子关系；最后，逐渐减少对孩子的溺爱，对孩子的无理要求理性地拒绝。如果已经出现和父亲对抗的行为，要尽快纠正。

📖 延伸知识

父子之间如何建立有效沟通？

一、见缝插针式教育

父亲忙于工作，可能没有大把的时间与孩子在一起，陪伴孩子成长，但是父亲可以采用见缝插针式的教育方式，加强与孩子的沟通交流，增强父子感情。

通过打电话、网络聊天等来交流

在家时与孩子做游戏

见缝插针式教育

看电视时与孩子谈心

平时选择合适的时间有针对性地进行沟通

二、将"严父"变"言父"

中国有句话叫"严父慈母",中国父亲将"严"理解为冷面和打骂,甚至奉行"穷养儿,富养女",认为儿子要多批评,女儿要多表扬,导致父亲与儿子交流时常常以批评者的姿态出现,板起面孔教训儿子,即便是爱或满意,也羞于表达,更少有拥抱。

调查发现,孩子是需要肌肤接触来建立安全感,用语言来建立亲密感的,尤其是男孩,所以父亲要尝试将自己的"严"变为"言",多与孩子沟通交流,增强亲密感。

三、母爱给父爱让路

很多母亲在儿子的教育过程中一直扮演着"慈"的角色,所以当父亲与儿子的交流出现一点问题,母亲便会站出来,使得父亲的教育效果丧失。作为母亲,要创造机会让父亲更多地参与到儿子的教育过程中来。要知道,对待青春期的男孩,父亲的教育尤为重要。

青春期的孩子想要独立，不能忍受母亲过于细微的管束，此时父亲较宽松的管束反而受到孩子的欢迎。母亲不要过多地干涉父子之间的沟通，放手让父子去磨合关系。

老爸告诉你

儿子，如果你觉得自己的力量已经很强大，可以挑起我们家庭的重担了，你可以试着去做一下。爸爸像你一样大的时候，总觉得你爷爷说的很多话不对，而且每次与你爷爷说话时总想和他"吵一架"，但回过头来想一想，只是当时我们的沟通出了问题。爸爸希望你有事情多与爸爸探讨，有问题可以直接提出来，我们一起讨论；也希望你能将自己的心里话告诉爸爸，分享你的小秘密，把我当成朋友，好吗？

第五章

和老妈"相爱相杀"

你是不是觉得妈妈很唠叨,喜欢妈妈,可又讨厌妈妈?如何养成尊重女性的好习惯?很喜欢妈妈,就是"恋母情结"吗?遇到问题不要慌,有问题就会有答案。

心里的妈妈和眼里的妈妈

案例导读

男孩青春小档案

姓名：夏佳睿

年龄：15

爱好：弹古筝

烦恼：我喜欢妈妈，可又讨厌妈妈。

◆ **我很爱妈妈，可有时又很讨厌她。**

"佳佳呀，快快，吃完饭赶紧去上学，好好学习，记得把作业带回来，我帮你检查。哦，还有，你们中午的饭如果不好吃，也要勉强吃一些，回来妈妈给你做好吃的。"

佳佳每天就是在妈妈这样的唠叨声中度过的，或者说从他上学之后，妈妈每天早上几乎都是这几句。小时候听听觉得挺好，他还会得意地给同学夸耀自己的妈妈；可是最近不知道怎么了，每次听到妈妈说这些话，他都会觉得心里异常烦躁。他不明白是妈妈变唠叨了，还是自己出了问题。

这天，妈妈又照常叮嘱夏佳睿，夏佳睿说："妈妈，你能不能别说了？"

"啊？"妈妈被儿子的话吓了一跳，连忙问："佳佳呀，你今天怎么了？"

"没事儿，就是不想听你说话！"

妈妈皱了一下眉头，说："你会不会生病了呀？佳佳呀，怎么了这是？"

夏佳睿把面包塞进嘴里，又"咕咚，咕咚"喝了几口酸奶，背起书包就往外跑。妈妈在后面喊了两声，见儿子没理自己就回家做家务去了。

夏佳睿来到教室，把书包塞进抽屉里，对同桌小非说："你觉得妈妈烦吗？"

小非愣了一下，说："你也觉得妈妈烦吗？"

"你'也'有同感？是呀，最近觉得我妈特烦人，原来我一直觉得妈妈又漂亮又温柔，觉得她是天底下最好的妈妈，可是不知道最近怎么了，我听她说话我就烦，而且我觉得她也没有以前那么温柔了。"夏佳睿嘟嘟嚷嚷着。

小非也附和着说："是，我也是这么想的，以前在我心底里，妈妈是天底下最完美的，而现在呢，看着眼前的妈妈我真的有些烦。"

两个人小声地讨论起妈妈烦人的地方，竟然两个妈妈好多地方是一模一样的。

放学后，夏佳睿回到家，妈妈正在做饭，他便坐在餐厅看着，说："妈妈，你最近很忙吗？"

"不忙呀，妈妈工作还算轻松的。"妈妈边切菜边说，"有什么事吗？是需要妈妈参加什么活动？还是需要钱了？"

"都不是，"夏佳睿摇摇头说，"妈妈，你觉不觉得自己变了？"

"变了？"妈妈回头看了一眼儿子，问，"你觉得妈妈什么地方变了？"

"我觉得你变得唠叨了。"夏佳睿小声说。

妈妈愣了一下，没有说话，又继续做饭，说："你是嫌我话多呀？那我以后少说两句。"说完，没有再说话。

晚饭过后，夏佳睿回到自己房间写作业，就在他收拾书包时，听到了外面妈妈和爸爸的对话：

"太伤心了，我觉得佳佳现在讨厌我了。他今天说我唠叨，他小时候可喜欢我了，天天黏着我。"妈妈说着，听她的声音似乎是哭过。

"你别伤心，孩子长大了，有他自己的想法。"爸爸劝着。

妈妈又哭起来，说："我真的不知道自己哪里做错了，他为什么烦我呀？我都听出他现在讨厌我了……"

听着爸妈的对话，夏佳睿也渐渐闹心起来，因为他也不知道自己怎么了，而妈妈为什么又变了！

专家帮帮忙

青春期的男孩，因为自己生理和心理的变化，会觉得自己的力量越来越强大，而面对从日常生活到学习无微不至关心自己的妈妈时，他们有一种"受控制"的感受，这种感受在青春期尤为突出，所以很容易引发母子之间的战争，影响母子关系。再加上，一些爸爸很少管

孩子，大多数时间都是在孩子面前示好，相比妈妈来说，会少一些控制欲，因此孩子大多会把怨气发泄在妈妈身上。

其次，青春期孩子精神方面的觉醒和能力方面的不足会让他们产生极大的矛盾，也就是说他们觉得自己已经长大了，但从实际情况来看，很多事情他们还无法独立完成。此时，他们的内心既讨厌妈妈过多干预，但是有些时候又离不开妈妈，这种矛盾让孩子的内心极不舒服，他们只好将情绪转化到妈妈身上。如果此时妈妈在孩子身上付出越多，对孩子的要求也越多，孩子的反抗情绪就会越激烈。

📖 **延伸知识**

叛逆期孩子的几种表现：

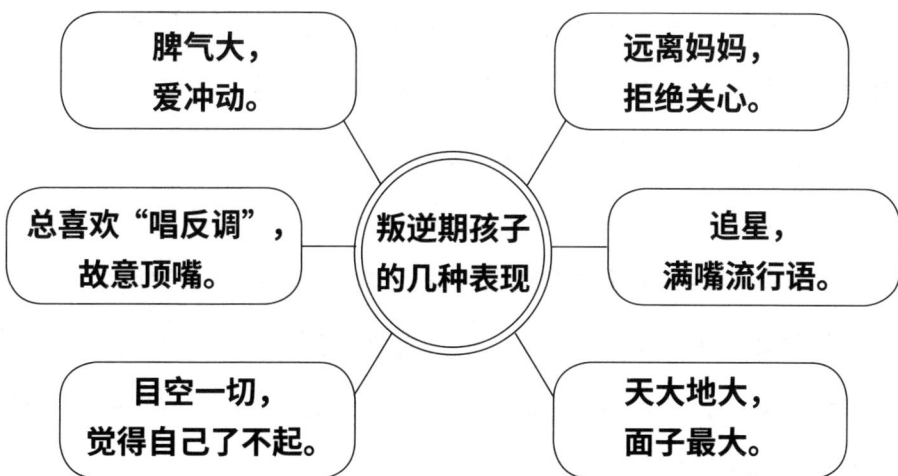

- 脾气大，爱冲动。
- 远离妈妈，拒绝关心。
- 总喜欢"唱反调"，故意顶嘴。
- 追星，满嘴流行语。
- 目空一切，觉得自己了不起。
- 天大地大，面子最大。

（中心：叛逆期孩子的几种表现）

一、脾气大，爱冲动。

进入青春期的很多孩子性格、脾气都会发生变化，那是因为他们心理和生理迅速成长的原因，脑中枢神经异常活跃，使得孩子的情绪往往转换得非常快。成年人的情绪可以依靠前额叶进行自我调节，但青春期的孩子前额叶发育不成熟，通常不能像成年人一样能做到理性地自我调节。所以，不少青春期孩子表现得冲动、敏感等。

二、总喜欢"唱反调"，故意顶嘴。

青春期孩子总觉得自己已经长大了，当他们觉得家长说得不对时，会大声回怼过去；他们觉得有一点道理时，会故意找到家长说得没道理的那部分揪住不放；他们觉得家长说得完全正确时，也会故意歪曲理解，甚至可能会抓住一个词、一种情绪顶嘴。

三、目空一切，觉得自己了不起。

青春期孩子的生理、心理发育迅速，使得他们会觉得自己懂的东西越来越多，所以他们对周围的一切都质疑。他们觉得父母思想落后，觉得老师苛刻，觉得作业一点用都没有。之所以这样，是因为他们觉得只有在质疑时，自己才能拥有话语权。

四、远离妈妈，拒绝关心。

青春期的孩子和平时照顾自己较多的妈妈明显"拉开距离"，他们不再喜欢跟着妈妈走来走去，他们更喜欢自己独自出行。此时的他们觉得，只要远离对自己无微不至关心的母亲，才算是真的长大，他们急于想证明自己。

五、追星，满嘴流行语。

为了让自己显得"优秀"，他们对一些顺手拈来的网络流行语有着过目不忘的本领，而且以充分运用流行语为荣。因为他们的目的是想表达他们与时代是同步的，他们可以完全独立来面对这个时代。

六、天大地大，面子最大。

青春期是人的一生中最看重面子的时期，而且人的性格养成也是从青春期开始的。青春期孩子在同龄人面前，面子比天大。为了面子，为了形象，他们可以忍常人所不能忍之痛。很多"死要面子"的成年人之所以对面子如此注重，甚至价值观、人生观扭曲，就是他们在青春期时形成的。

老爸告诉你

孩子，妈妈永远是你的妈妈，并不是你的妈妈在改变，而是因为你长大了，把妈妈的关心当成了"唠叨"。妈妈十月怀胎，经历了千难万险把你带到这个世界上，她对你如此关心、照顾，那是"爱"，是天底下最珍贵、最纯粹、最无可替代的情感。老爸希望你能稳定好自己的情绪，将你勇敢、坚强的一面送给外人，将最温柔的一面留给自己的妈妈。

尊重异性，从尊重母亲开始

◆ 妈妈为什么总这么烦人？

邸晓何的名字由来很有意思，他的爸爸姓邸，妈妈姓何，本来妈妈想给儿子取名叫邸何晓，但爸爸觉得平时大家都喜欢省略姓只叫名字，如果只喊名字的话，就变成了"何晓"，那样不就变成姓何了吗？

妈妈没有办法，只好把"何"换到了后面，变成了"邸晓何"。晓何爸爸本来就是一个有"大男子主义"思想的人，也正因为此，爸爸平日对妈妈说话大多用命令式的语气。"早餐呢？你做个饭怎么这么磨叽？"每天早晨爸爸都这样冲妈妈喊着。

妈妈则在一旁忙碌着说："马上，马上，老公，马上就好了。"

"你要是早起一步，饭早就好了，天天这么懒！"爸爸抱怨着。

"嗯，明天早点起来……"妈妈带着歉疚的语气说。

其实，平时爸爸总是这么对妈妈说话，晓何看在眼里，小时候觉得爸爸很凶，替妈妈打抱不平，但是他不知道什么时候，自己变得跟

爸爸越来越像了。

"妈妈！你把我的彩色铅笔放哪里了？"晓何找不到铅笔了，冲着妈妈大喊。

妈妈笑笑说："我找找，儿子，别着急。"

"怎么能不着急呢，我等着用呢！让你收拾个书包都收拾不好！"晓何抱怨着，在屋子里把书包摔得"砰砰"响。妈妈则在一旁翻来覆去地找着，还不停地劝儿子不要着急。

晓何不止一次对妈妈颐指气使地说话，有时候脾气上来了，还会扬起手来打妈妈几下，而妈妈总是不太在乎，她可能已经习惯了，儿子只是耍个小脾气而已。

但是，事情可没有妈妈想得那么简单，晓何不只是在家里，在学校也常常以桀骜不驯的态度跟同学说话，特别是对女同学，他与她们交流的方法也是命令式的。本以为同学们会像妈妈一样"听话"，但他不知道同学和妈妈完全不一样。同学们不理睬他，都不愿意跟他做朋友。

特别是最近，他心里一直喜欢一个女同学，但每次跟她说话时，这个女同学总是对他很排斥，这让他不知道该如何是好。

专家帮帮忙

俗话说"父母是孩子的第一任老师"，青春期的孩子很敏感，周围人的行为会直接影响孩子"三观"的形成。如果父母不能给孩子一

个良好的原生家庭环境，那么孩子在此时期的发展变化就是难以预料的。生活中人们往往会教育女孩子要保护好自己，却忽略了一个最重要的问题——教育男孩要尊重女性。

在家庭中，父亲要以身作则，给孩子树立良好的榜样，父亲对待母亲的态度会直接影响男孩对待女性的态度，因为孩子成长环境中的性别差异参照对象只有父母。研究表明，很多施行家暴的男子，小的时候都有欺负女生的习惯。要是在最初，他们的家长知道及时制止，并且告诉他们女性是不可以随便欺负的，必须要尊重女性，结局也许就不一样了。

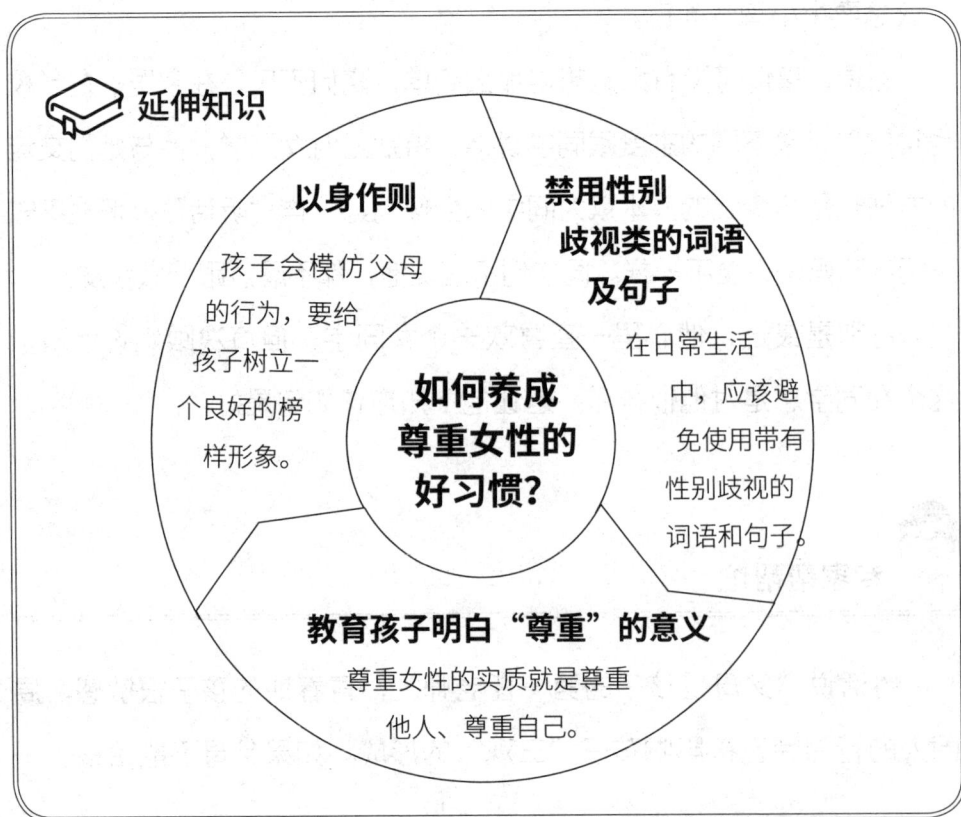

延伸知识

如何养成尊重女性的好习惯？

以身作则
孩子会模仿父母的行为，要给孩子树立一个良好的榜样形象。

禁用性别歧视类的词语及句子
在日常生活中，应该避免使用带有性别歧视的词语和句子。

教育孩子明白"尊重"的意义
尊重女性的实质就是尊重他人、尊重自己。

老爸告诉你

孩子，每个家庭都会有不同的分工，比如我们家，爸爸在外努力挣钱，妈妈在家保障我们的生活起居。只有妈妈在，我们的这个家才像一个家，妈妈是我们的精神领袖，她在用自己的青春，用自己的生命呵护、照顾着我们这个家。爸爸像你这么大时，也曾经对我的妈妈呼来喝去，也与女生吵架、打架。但是，后来爸爸娶了妈妈，有了你，我才明白，妈妈不是保姆，她们平凡而伟大，她们让生命延续，用爱抚育生命，非常值得尊敬。

男孩的"恋母情结"

男孩青春小档案

姓名：古伦

年龄：14

爱好：书法、绘画

烦恼：我很喜欢我的妈妈，可大家说我"恋母"。

◆ 我喜欢妈妈有错吗？

古伦是一个又高又帅的男孩，今年上初二，学习成绩很好。虽然他才上初二，但是他长得比同龄人都高，唇红齿白，气质也很好，无论是从前后左右哪个角度去看，都像个明星。

这天，姑姑来看古伦，还给他带了许多好吃的。妈妈笑着说："这下你侄子得高兴好几天了！这么大的个儿，还是那么贪吃呢！"

古伦也笑着说："我得谢谢姑姑，也希望姑姑没事儿就多来。"说着靠在妈妈身边吃了起来。

本来三个人有说有笑地聊天，姑姑突然说："小伦，你去写作业，我跟你妈妈有事说。"小伦答应着，亲了亲妈妈就回房间写作业去了。

小伦走后，姑姑对妈妈说："我本来不想多说，但刚刚看着小伦靠在你身边，又觉得还是要说一说。"

"怎么了？"小伦妈妈纳闷地问。

"你觉不觉得小伦有些'恋母'？"姑姑凑到小伦妈妈身边悄悄问。她们两人原是同学兼闺蜜，关系很好的，一次聚会的时候她特意制造了一场邂逅，后来小伦妈妈就成了她的嫂子。

"开什么玩笑！"小伦妈妈推了一下姑姑，嘻嘻哈哈地说。

姑姑严肃地说："别笑，你听我说，你仔细想一想，是不是小伦特别依赖你？"

"去你的，我的儿子，不依赖我，依赖你这个姑姑呀！"小伦妈妈哈哈地笑着。

姑姑推了一下小伦妈妈，说："得了，你自己观察一下吧！"

虽然小伦妈妈觉得不可能，但还是回想了一下，这下她也觉得小伦似乎真的有些问题。小伦现在已经上中学了，还喜欢跟妈妈一起睡，只要爸爸出差或者晚上有应酬，小伦就高兴得不得了。

姑姑见小伦妈妈若有所思，继续说："这个问题很严重的，你要好好想想。"

小伦妈妈说："我觉得你想多了，我们有时候回来得晚，他都是一个人睡觉，根本没有什么特殊的表现。"

"你还给他洗澡吗？"姑姑突然问。

"当然不！"妈妈大声说，"几年前他就已经自己洗澡啦！而且每次洗澡都反锁门。如果没有拿什么东西，也是让我挂在门把手上。"

"那可能是他看起来高大，其实心理年龄还小吧。"姑姑也怀疑自己的想法了。

小伦虽然在自己的房间写作业，但也隐隐约约地听到了姑姑的话。

其实，小伦对妈妈的确很依赖，他觉得只有挨着妈妈才有安全感，而且也喜欢和妈妈在一起，他觉得妈妈是天底下最爱他的人，也是他最爱的人。

"这有什么错吗？我的确爱我的妈妈，爱妈妈有什么错？"小伦自言自语地说，脑袋里也充满了问号。

专家帮帮忙

男孩成长中的恋母情结，也叫"俄狄浦斯情结"。当男孩成长到 3 岁左右，大多数都会经历这个心理阶段。因为在这个阶段孩子的自我意识已经发展得较为成熟，宝宝能够注意到自己和他人的不同，比如身高、长相等，也开始注意到父母在性别上的不同。这个时候男宝宝会更喜欢和妈妈相处，女宝宝可能会更喜欢爸爸，依恋妈妈是男孩人格建构的重要过程。

青春期是一个人成长过程中最重要、最关键的阶段，由于性成熟而出现对性知识渴求和对异性向往，这些都是很正常的。可是如果在这个时期孩子不了解正确和科学的性和生殖健康的知识，很容易造成他们性观念和性行为发生偏离，妨碍其身心健康发展，出现不正常的现象。所以，当父母发现孩子的问题时，要及时地纠正，必要时可以采取心理干预，避免造成更严重的后果。

📖 延伸知识

青春期男孩恋母情结的表现

一、避开其他异性，只关注母亲。

其实恋母是每个拥有母爱的孩子都会出现的情况，只是大部分人的情况属于正常。因为随着孩子社会接触面的扩大和健康的家庭教育的开展，孩子和父母之间的亲密关系会减弱，所以大多数情况下男孩并不会出现恋母情结。

但是，如果发现孩子在成长过程中明显对其他异性排斥，不愿意和除母亲之外的异性接触，就要注意一下孩子心理的变化了。

二、特别黏母亲，喜欢对母亲做一些亲密动作。

在正常的家庭环境中长大的男孩，越长大会越来越减少和母亲的肢体接触。然而恋母的男孩，不管长到多大，都喜欢跟母亲做一些亲密动作，比如亲吻、拥抱，甚至有的小男孩七八岁了还喜欢把手放在母亲的胸脯上，这些都是恋母的表现。

三、情结严重的神经症反应。

由于认知过程或思维方式的错误，恋母情结如果到孩子比较大时还未扭转过来，孩子就会表现为神经焦虑症。焦虑症是以持续的焦虑或发作性惊恐状态为主要临床症状的神经症，是一种复杂的、综合的负面情绪，在心理上体现为过分担心和烦躁，显得顾虑重重。通常表

现为坐立不安、常变换姿势、不知所措、心悸、胸闷、皮肤潮红或苍白、多汗、恶心等。但这些只是焦虑症的表面症状。

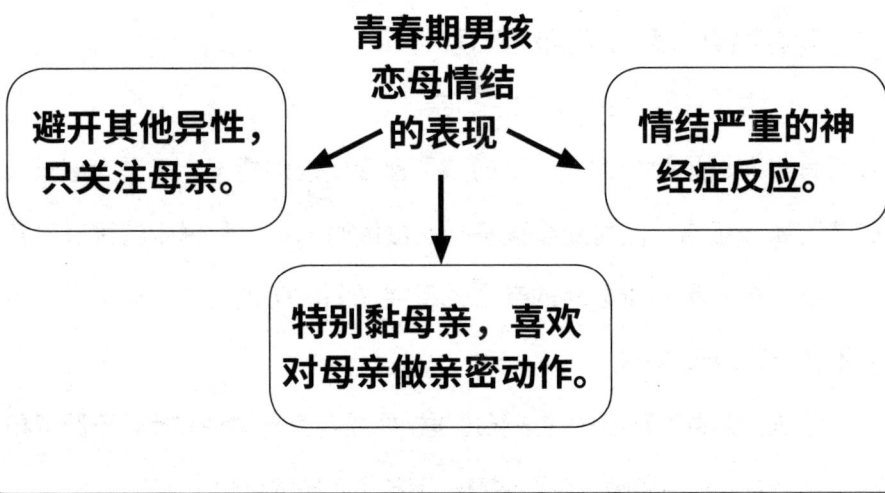

**青春期男孩
恋母情结
的表现**

避开其他异性，
只关注母亲。

情结严重的神
经症反应。

特别黏母亲，喜欢
对母亲做亲密动作。

老爸告诉你

孩子，你爱妈妈，妈妈也爱你，但是你对妈妈过于依恋会影响你性格的发展。男孩子嘛，就要有完全的自主意识，要有阳刚之气。父爱如山，母爱似海，可能你觉得妈妈与你最亲，这只是你没有充分理解父爱的缘故。爸爸对你的爱，一点也不少于妈妈，你遇到事情跟爸爸聊一聊可能让你理解会更通透，毕竟你我都是男人，更能相互理解。

第六章

我和我的朋友们

··

　　每个人都需要朋友，对于很多男孩来说，朋友的话经常比父母的话还重要。那么，怎样的朋友才是真正的朋友呢？

··

青春期男孩的社交密码

男孩青春小档案

姓名：魏语成

年龄：14

爱好：弹吉他

烦恼：之前哥们儿拜把子，却根本没人告诉我。

◆ 怎么我就不能跟你们拜把子？

魏语成学习中等，长相中等，身高中等。他妈妈对他的评价是：我家孩子，乍一看哪哪都不错，可细一看也就一般，哪哪都一般，真的应了那句古话"比上不足，比下有余"。魏语成知道自己的情况，可自己无论怎么努力也没有办法拔得头筹，这让他很难过、很纠结。最近令他更加烦躁的事是在一起玩的好哥们儿竟然背着他和别人拜了把子，一共六个人，而唯独没有他。

魏语成直接找到平日跟自己关系还不错的一个哥们儿——小叶，问："我听说你们几个拜把子了？你们这么不把我当朋友吗？"

小叶看了一眼魏语成，说："朋友当然是朋友，但把兄弟是另一回事！"

"那为什么不带我？"魏语成追问。

小叶想了一下，说："至于为什么，我也不知道，就是我们那天研

究的时候，大家一致决定的就我们六个人。你虽然是我的朋友，但并不是大家的朋友呀！"

魏语成坚定地说："我觉得我跟大家是朋友呀，你问一下他们谁不认识我？"

"认识就是好朋友吗？"小叶反问，"我们很多活动你都没有参加，只是认识好吧？"

"我一直把你们当成好朋友的！"魏语成的话中透出了伤心。

小叶看魏语成表情不对，便说："没关系，我们以后还是朋友的。"

"当然有关系！我以后再也不跟你做朋友了，你跟你的把兄弟玩儿去吧！"魏语成说完，背起书包就走了，留下小叶愣在原地。

魏语成气呼呼地回到家里，还没有坐下，手机就响了，是小叶打来的。

"魏语成，你确定以后咱们不是朋友了，是吧？"小叶听起来也很生气。

"是的！"

"好！"小叶说，"你记住我今天说的话，我告诉你为什么我们不带你玩：第一，你这种耍小性子的脾气像个女的，我们不喜欢；第二，你学习一般；第三，也是最重要的，你太自以为是了！"

小叶说完直接把电话挂断了，魏语成满心的委屈化成眼泪，"唰"地掉了下来。为什么他一直觉得关系很好的哥们儿却不拿他当朋友？为什么他以为自己做得很好了，可还是被人嫌弃？

"我可能真的一无是处，学习成绩不行，平时表现也不突出，甚至

连朋友都没有交到，原来大家都是这么看我的，我却一直不知道，还整天傻乎乎地跟大家一起玩。难道我真的错了吗？"魏语成在日记中写下了这一段话，他心里烦躁极了。

专家帮帮忙

青春期的孩子很在意自己的同伴关系，有了自己志趣相投的伙伴，也很乐意建立自己的小团队。这种同伴关系，会使自己格外关注同学眼里的自己，关注点由父子、母子之间的亲密关系转为与同伴的亲密关系，而且他们享受同辈伙伴之间的亲密，同时也会被自己和同伴之间的矛盾所困扰。

此时，要让自己的心态平和，明白伙伴的意义，学会调节自己与同伴之间的关系。

延伸知识

青春期男孩如何与同伴交往？

同伴关系对于青春期孩子来说是最重要的关系。同伴关系会带来这样那样的影响，许多人因为不知道该如何建立这种关系而使自己陷

入迷茫、困惑之中。所以，想要得到别人的认同，可以尝试以下几点：

人与人交往的基础是真诚。希望得到别人的关心和引起别人的注意是人的正常需要，想得到自己所需要的，就要付出能付出的。当你对同伴真诚地关心时，这会给他一种温暖、安全的感觉，也会使你得到自信和快乐。

真诚

生而为人，难免会出现这样那样的错误，而宽容是一个人最该具有的性格特征。当你的同伴出现一些小错误时，你的宽厚、大气，不拘小节，礼让他人，会使他的内心感受到温暖。相互之间的宽容就是建立友好关系的基础。

宽容

因为人与人的性格不同，有些人性格外向，喜欢主动与人交流，他周围的朋友会很多；而有些人性格内向，不太愿意主动与人交流，他周围的朋友可能就比较少。当你觉得有志同道合的朋友很吸引你时，主动出击机会会更大。

主动

老爸告诉你

孩子，人与人的关系并不是一成不变的，会受到很多外在因素的影响。人与人之间的"互动"也会造成一定影响。两个水平差不多的人关系容易变得亲密，比如：你喜欢读书，你可以找同样也喜欢读书的小伙伴；你喜欢篮球，那就到球场上去找朋友。这样就容易找到志同道合的朋友。爸爸希望你现阶段好好地提升自己，当你将自己人生的宽度拓展开，那未来你的朋友就会更多！

你得学会说"不"

男孩青春小档案

姓名：徐子轩

年龄：13

爱好：弹钢琴、弹电吉他

烦恼：内心拒绝，可就是嘴里说不出来。

案例导读

◆ 到底怎样才能把"不"说出来？

徐子轩放学后有一件大事要做，他与朋友们要跟另一个学校的篮球队"抢地盘"。

事情发生在两周前，那天徐子轩与朋友们放学后照例去学校旁边的篮球场打球，但是他们正在做准备动作时，球场上又来了一群人。

这群人明显是奔着球场来的，其中那个抱着篮球的男孩还看了徐子轩他们一眼，然后露出不屑的表情，把他们几个扔进场的篮球给踢了出来，然后这群人嘻嘻哈哈地下场打起球来。

"这算什么？！"徐子轩说。

徐子轩所在球队的队长气得直接下场去找他们算账。队长说："你们不懂得先来后到吗？球场上有球、有衣服、有人，我们先来的！"

对方并不把队长放在眼里，还是刚刚那个抱篮球的人，他笑着说："小屁孩儿，在球场那边的草坪上玩儿就行，浪费球场干什么！"说完，

他们哈哈大笑起来。

队长虽然很生气，但他知道根本打不过对方，便对徐子轩他们说："走，我们下周再来。"

第二周，队长找了高年级的哥哥一起来到球场，结果对方球队根本没有来。队长同时还带了校外的两个男生，他对徐子轩说："你个子比较高，一会儿放学后跟我们去球场，教训一下那帮人。"

徐子轩知道这是要去打架，他已经因为上次偷偷去网吧背了一个处分了，如果再背一个打架的处分，老师让叫家长是小事，可他一心想上那所军事化管理的重点高中可就没戏了。

"我……"徐子轩想要说些什么，但说不出口。

队长看到徐子轩犹豫，便说："你小子是怕吗？如果怕就别去了！"

"我怎么会怕？我是想说我需要带点什么？"徐子轩挺起身回答道。这个时候他怎么能认怂呢！

队长笑笑说："我以为你怕呢，什么都不用带，先谈，谈不成咱就下手。他们不就是仗着比我们大那么一两岁吗？今天就让他们好好吃点教训。"

徐子轩跟在队长身后，几个人气势汹汹地冲向球场。虽然徐子轩的心现在"突突"地跳，但为了面子，也为了友谊，他觉得不能拒绝。

专家帮帮忙

首先，跟人打交道是需要一点技巧的。"我可以加入吗？""可以带我玩吗？"请求可以打开交友的大门，但并不能助你走进其内心。要想走进彼此，还需要对朋友有更深的了解，双方有共同的志趣，彼此有吸引对方的点。

其次，要学会融入"圈子"。很多男孩越长大越会有"不乐意带别人"玩的想法，他们更想找到与自己能够玩到一起的人，而不是一直让他们操心，一直"求带"的人。

最后，懂得该如何与人相处。有些孩子在家里分外受重视，自我意识强烈，他们与朋友在一起的时候可能就会太在意自己的感受而忽略别人的感受，那么同学就不愿意和他们来往。

延伸知识

如何守护自己的友谊？

一、注重别人的感受

男孩不能太过于自我，要懂得推己及人，站在别人的角度思考问题，考虑到别人的感受。一位受欢迎的男生，他自信、幽默且智慧，那些

都是其自身魅力的散发，但如果想维护自己的朋友圈，收获更多的友谊，就一定要懂得考虑别人的感受，行为举止不能粗鲁，哪怕特立独行，放荡不羁，也都要在别人能够接受的范围内。做一个真正走出自我，能随时考虑别人感受的人，别人与你相处才会觉得舒服。

二、不强迫别人转变

一个聪明的人，会有很多人夸赞他聪明；但一个充满智慧的人，身边会有很多朋友。友谊是需要维护的，你平时维护了友谊，关键时刻才会有朋友挺身而出。在与朋友相处的过程中，最重要的就是自己不想做的事，不要强迫别人去做；同时也不要奢求谁会为了你而改变。

友谊不能密不透风，也不能相互索取。如果友谊建立在剥夺另一个人权益的基础上，那只能叫作"利用伙伴"，这种关系不会维系太久。所以充满智慧的人是懂得推己及人的，这是男生的必备素质。一个受人欢迎的人，一定是懂得考虑别人感受的人。

三、懂得择善而从的道理

交朋友的方法多种多样，但交朋友的前提只有两种：一种是你觉得他是你的朋友；另一种是他觉得你是他的朋友。前者是主动建立友谊；后者是被动建立友谊。其实，无论是哪一种，友谊不是建立之后就必须永远存在的关系，当你觉得这个"关系圈"不太合适时，就要学会分辨，该放弃的就主动放弃。换句话说，朋友是需要选择的，不是交到后就要一味地包容，交友要选志同道合的，这样的友谊才会长久，才会稳固。

如何守护自己的友谊

注重别人
的感受

不强迫别
人转变

懂得择善而
从的道理

老爸告诉你

学校的时光其实是非常短暂的，长大后你再回味以往的经历时，你会发现它只不过是你漫长岁月里的一个小插曲，伤心的日子终会过去。孩子，你目前融入不了这个小团体没关系，也没必要为了交朋友而去迎合别人，你要坚持做好自己，不要为了交到朋友而去刻意讨好谁，你只要做好自己就行。

与其为了交不到朋友而沮丧、难过，不如好好利用这段时间静下心来努力学习，利用这段时间好好培养自己的兴趣爱好，学习所得到的财富是你能长久拥有的，只属于你自己。

为兄弟也不能随便"两肋插刀"

男孩青春小档案

姓名：张硕

年龄：15

爱好：跆拳道

烦恼：讲哥们儿义气有错吗？

◆ **为了兄弟，我差点搭上了一生。**

　　小江是张硕从小玩到大的朋友，两个人原来住在同一个小区，后来因为小江爸妈工作的原因，小江他们搬走了，自然小江和张硕也就没有上同一所中学。

　　不过，这并不影响两人的友谊，周末时他们还是会与对方相约，读书、写作业、打球、看电影、玩游戏……距离根本阻挡不了他们两人的友谊。不过，张硕的爸爸妈妈一直反对他们做朋友。妈妈常常说："小江小时候看着还可以，但现在随着年龄增长，出现了些'匪'气！"爸爸也说："可能是他爸妈工作忙，没空管他的原因吧，好好的孩子，毁了。"

　　张硕根本不在乎爸爸妈妈的评价，原来他就笑笑不说话，现在当爸爸妈妈评价小江时，他竟然还跟爸妈顶起了嘴，后来爸妈就很少说了。

　　这天，张硕正在家写作业，突然接到了小江的微信，上面写着："哥

们儿，你在干吗？快出来，拿着球棒，有人欺负我！"

"你在哪？"张硕一听马上跳了起来，着急地问。

"在我们常玩的小公园里！……"小江话还没说完，手机那边就传来一片嘈杂的声音。张硕知道小江出事了，马上带上球棒就往楼下跑。

小公园不大，离张硕家不远，也就两三分钟，张硕赶到了。只见三个高中生模样的人围着小江，小江抱着头蹲在地上，看上去十分可怜。

"你们干什么！"张硕大喊一声，三个高中生同时回过头来，小江瞬间变得精神起来。

"哟，出来个挡横的呀？这家伙欠我们钱，你替他还吗？"其中一个高中生说。

"你们先把他放了。"张硕警惕地看着三个人，一把把小江拉到自己身边，问："你欠他们钱了？"

"对对，"小江说，"我上次去网吧，欠了他们 600 块钱。"

张硕点点头，然后对那三个人说："给我一天时间，我替他带钱。"

"好呀！"三个高中生笑着说，"你还挺好，你叫张硕，在十三中上学对不对？"

张硕一愣，问："你们怎么认识我？"

"我们才不认识你呢，但你的好哥们儿早跟我们说了。"三个人哈哈大笑起来。

小江拉着张硕赶紧走，张硕问："你为什么要告诉他们我的信息？"

小江擦了擦嘴角的血渍，说："怕什么！有我呢！"张硕看小江流了血，也就没再问什么。

晚上，小江带着张硕守在胡同里，并递给他一把匕首，说："等着，一会儿有人从这儿过，咱们就冲上去，抢个一二百就跑。"

"这……这不是拦路抢劫吗？"张硕看着手里的刀慌了。

"这算什么抢劫，就是借两个钱用用。"小江眼睛盯着胡同口，悄悄地说。

他们在这胡同趴了一个多小时，只有几个下晚班的男人经过，小江觉得不好下手就没有去抢。最后，天色越来越晚，风渐渐凉了，小江提议先回家，第二天再来。

晚上，张硕听到新闻里关于校园暴力的处罚，又找了几个抢劫案的视频看，他暗暗吓出了一身冷汗，幸亏今天没有遇到可以下手的人，如果有，那今天晚上自己就犯罪了呀！

专家帮帮忙

青春期的男孩，对于朋友的认知、理解非常单纯，他们觉得"拜把子"这种形式能证明友谊深厚，只有拜了把子才是真正的朋友。但是这种认识是盲目且缺乏理智的，只是注重"圈子"这种存在形态，而没有考虑现实，善恶不辨、良莠不分，最后会发展成为了小圈子的利益而不计一切后果。

这种"友谊"会影响行为人往后的人生观和价值观。盲目讲哥们儿义气的人，极度缺乏理智，仅凭感情行事；同时，他们也会缺乏独立精神，往往不会自己判断、思考，而是随波逐流，成为哥们儿义气

的奴隶，也容易被哥们儿利用，成为一些事情的替罪羊。

📖 **延伸知识**

关注青春期犯罪

青春期的男孩受生理、心理的双重影响，有时候可能会在无意识的情况下造成严重的后果，形成青少年犯罪。青春期少年违法犯罪的原因是复杂的、多层次的、综合性的，究其根本还是心理素质差，社会适应困难。

情绪、情感不稳定，易冲动

青春期男孩容易冲动，这一重要的情感特点决定了他们违法犯罪的盲目性、偶发性和残暴性。

没有稳定、正确的认识能力，易受暗示

青春期的孩子对道德、法纪的认识欠缺，一些不良因素对孩子的潜意识具有强烈的暗示作用。

缺乏独立的评价能力，易模仿他人

青春期孩子通常缺乏独立评价能力，加上外界环境迎合、诱导，他们容易不辨是非地模仿他人。

老爸告诉你

孩子，真正的友谊是在理性与感性并行的基础上建立的，为了朋友"两肋插刀"并不是真正的对待友谊的办法。为了朋友可以"两肋插刀"，但这也要有道德和法律的底线。当年，爸爸也很冲动，以为"两肋插刀"的友谊才是真的义气，但经历一些事之后才发现，不顾后果、不辨是非地迎合朋友的不正当需要，甚至触犯法律的事情绝对不能做。真正的朋友会在你遇到事情时第一时间来帮助你，并会给你合理的意见和建议，帮助你走出困境。

第七章

叛逆来袭，我的青春有点躁

你是不是看谁都不顺眼，控制不住自己的脾气？你是不是有时候很自信，有时候又很自卑？为什么你会那么在意别人的想法呢？为什么有的人会想到自杀？青春期男孩只有学会与自己和解，才能有效地管理自己的情绪。

为什么总有那么多坏情绪？

◆ 烦死了，看谁都不顺眼！

"烦死了！"李佳佳朝着妈妈大喊。

他已经不是第一次这样崩溃了。本来李佳佳是一个可以用"文静"来形容的男孩，学习成绩一直很好，他是老师眼中的"希望"，爸妈眼中的"未来"，同学眼中的"别人家的孩子"。

但是最近不知道怎么了，李佳佳像变了一个人似的。他不仅在家里和父母顶嘴，父母不让他做什么他就偏要做什么，比如：父母不让他做作业的时候玩手机，他就非要玩，而且他在学校也常和老师顶嘴，上课故意大声喧哗，下课和同学打架，作业也不做，对自己的成绩持无所谓的态度。

李佳佳也知道自己发生了改变，他甚至觉得自己以前太乖了，一直生活在别人的规划中，根本没有自我。

"我觉得我应该找找自我了，怎么能总听别人指挥呢？"李佳佳

对朋友小宋说。

小宋点点头，说："我也觉得是这样。你说咱们都这么大的人了，谁还没听过这句话——'你可以给我指点，但不能在我的人生中指指点点'？"

"哈哈！"李佳佳笑着说，"说得对，我们有自己的人生！"

这天早晨，妈妈照例帮李佳佳准备了早餐，并帮他把草莓酱抹到了面包片上。李佳佳起床后，看着餐桌上的早餐，问妈妈："怎么天天都吃这个？能不能换个花样儿？"

"你想吃什么？"妈妈问。

李佳佳回答说："你看你，天天起这么早，每天做的饭一模一样，就连这个草莓酱都一模一样。你就不能换成西梅酱或者花生酱吗？"

爸爸听到了他抱怨，说道："你大早晨冲你妈妈着什么急？爱吃就吃，不吃就上学去！"

"上学就上学！"李佳佳把面包往盘子里一丢，背起书包就出了门。

一个上午，李佳佳一直是气呼呼的，老师讲什么他根本没有听进去，就在老师准备留作业时，他猛地从座位上站起来，冲着老师说："老师，你留这生字抄写有什么用？"

老师先是一愣，然后问："那李佳佳你会写了是吗？如果会写了老师就给你留其他作业！"

李佳佳一脸不屑地"哼"了一声，坐到座位上，老师尴尬地站在那里。

下课后，班主任找到李佳佳，说道："李佳佳，你最近为什么总想找事儿？以前那个优秀的孩子哪里去了？"

李佳佳低着头没有说话，但心里暗暗地骂起老师来，嘴里不自觉地发出了声音。

"你在干吗？"班主任简直不敢相信自己的耳朵，这种谩骂怎么能从一个优生的嘴里说出来。

李佳佳瞬间意识到了，忙说："老师，我以后注意。"

班主任说："你这是怎么回事？打游戏了？跟坏孩子接触了？怎么现在变成这个样子？"

老师的话引起了李佳佳极大的不适，是啊，自己最近这是怎么了，听谁说话都烦，而且这帮人怎么会这么想，怎么"做自己"就成了坏孩子？

专家帮帮忙

青春期孩子坏情绪变多，这是青春期叛逆心理的一种反应。因激素不稳定，处于青春期的男孩常常会感觉到烦躁，碰到一些让他们不喜欢的事情后，他们一般很少去理会，或是不懂得怎么处理，久而久之，这种不开心就会变成坏情绪。再加上，升入中学后环境改变，学习压力加大，这些都会导致情绪不畅。

受困于坏情绪的孩子，经常会坏脾气爆棚，如果内心的困惑得不到及时开导，他们很容易钻牛角尖，他们的负面情绪就会越积越多，直到他们无法继续承受。这不仅会影响他们的学业，还会引发许多心理问题，比如抑郁、自残，甚至轻生。

同时，坏脾气也会使身边的人对自己敬而远之，如果没有及时疏导自己的坏情绪，乱发脾气的习惯可能会延续到成年。他们的脾气会越来越暴躁，直接影响他们之后交友以及与人合作。

延伸知识

青春期男孩的心理有哪些变化？

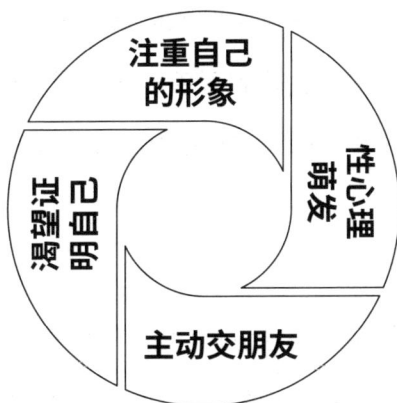

注重自己
的形象

性心理
萌发

渴望
证明
自己

主动交朋友

1. 注重自己的形象

在小时候，男孩相比女孩而言，对自己的形象不太在乎，他们更在意的是吃、玩等。但是，到了青春期，男孩就会将一些精力放到自己的形象管理上，会不定时地关注自己的脸和衣着等，也会注意自己的神态、语言。

2. 性心理萌发

随着生理逐渐成熟，男孩开始对异性比较敏感，对异性产生既想靠近又想疏远的矛盾心理。在雄性激素的作用下，男孩会产生性幻想，甚至会幻想和心爱的女孩发生性接触，进而出现遗精现象。

3. 主动交朋友

孩子小的时候，主要依赖家庭，家庭给他们带来安全感。与小朋友玩，遇到问题时最先想到的还是父母。到了青春期，他们更加渴望友谊，希望有可以倾诉心声的朋友。他们具有自发形成的社交能力，青春期男孩社交能力强的会拉帮结派形成小团伙，玩得忘乎所以；而社交能力比较差的，往往会感到孤单、寂寞或者无助。在青春期男孩的成长过程中，同伴和群体对于他们的影响甚至超过了父母对他们的影响。

4. 渴望证明自己

青春期的男孩有了自己独立的兴趣、爱好、见解和主张，他们身体的发育、知识的积累和心理的成长会让他们感觉到自己已经强大起来，所以他们不再安于爸爸妈妈的袒护和安排，而是有了自己独立的意识和独特的行为方式。

此时孩子的自尊心会变得很强，当他们的主张受到反对时，他们便极容易产生逆反心理，会有挫败感。他们渴望走出家庭，来到社会，证明自己的社会角色，希望得到认可。

老爸告诉你

孩子，你现在这个年龄会很容易产生一些坏情绪，当你意识到坏情绪已经产生时，要懂得及时调整，深呼吸，放轻松。也许有些时候，爸爸妈妈对你的想法不理解，或者我们彼此交流过程中出现了误会，我们是可以继续沟通的。不要让坏情绪破坏你的计划，也不要让坏情绪主宰你的时间。当你有些烦心事的时候，欢迎你告诉爸爸，因为爸爸也是从你这个年纪长大的，是能理解你的。

自尊到自卑只有一步之遥

男孩青春小档案

姓名：孙峻峰

年龄：15

爱好：武术

烦恼：我努力维护着自己的尊严，真的好累！

◆ **我要让大家都看得起我。**

孙俊峰是一个农村孩子，爸爸妈妈在城里打工，他从小跟着奶奶生活，到了入学的年纪，他就在村子里上了小学。

爸爸妈妈积攒了一部分钱，在城里买了房子，便打算把儿子接到城里来上中学。于是，孙俊峰初二时高高兴兴地转到了城里的学校。

孙俊峰是个聪明的孩子，学习成绩一直很好，但来城里后，他发现大家似乎都很聪明。在村里的学校上学时，他常常是班里的第一名，而到了城里，他已经很努力了，却只能考个中等水平。

"小峰，你以前在哪儿上学呀？"同桌问。

"我……"孙俊峰愣了一下，说，"我……我在 A 市。"他说了谎，因为他不想让同学们笑他是农村的"土"孩子。

"啊，我的好朋友也在 A 市呢，你为什么转学呀？"同桌笑笑问。

小峰镇定了一下，说："我爸妈在这里工作。"

"哦。你爸妈是干什么的？我爸爸是工程师，妈妈不上班，是一个家庭主妇。"同桌说完笑了起来。

"我……我爸妈……我爸妈自己开店的。"孙俊峰给爸妈编了一个工作，因为他不想让同桌知道他的爸爸是保安，妈妈是保洁员，他觉得很丢人。

"丁零零——"上课铃响了，孙俊峰舒了一口气，因为这样同桌就不会再问他更多问题了。

如果没有人追问他的家庭背景和以前的情况，他还是觉得这所学校挺好的，老师们讲课好，教室也漂亮，最重要的是这里有一个很大的图书馆，而且借书不要钱。

这天，他借书回来的路上，碰到了同桌，同桌一见他，就激动地说："小峰，我告诉你，我要去农村……"话没说完，同桌的手表响了起来，她根本没有来得及详细说，就急匆匆地回家了。

孙俊峰听到"农村"两个字，觉得一定是同桌知道了什么，故意说给他听。从那以后，他常常觉得自己在班里听到了"农村人"的字眼，他觉得班里的同学一定在议论他。

期末考试结束后，孙俊峰通过自己的努力进了班里前十名。大家都鼓掌表示祝贺。大家嘻嘻哈哈地夸赞孙俊峰。听到同桌说"谁知盘中餐，粒粒皆辛苦"，孙俊峰脸上的笑容瞬间就消失了，他问："你说什么？"

同桌被孙俊峰的反应吓了一跳，说："我是说大家都看到了成绩，看不到你的辛苦呀。"

孙俊峰一把把试卷抢过来，说："别以为我不知道你在说什么！"说完，迅速收拾了书包。同学们你看看我，我看看你，不知道孙俊峰这情绪从哪来的。

回家路上，孙俊峰委屈地哭了起来，他觉得同桌用《悯农》里的诗句夸赞他，其实是在笑话他是农村人。他很努力，为什么大家还是瞧不起他呢？

专家帮帮忙

自尊原本是个褒义词，指的是自我尊重，指既不向别人卑躬屈膝，也不允许别人歧视、侮辱自己，是一种健康、良好的心理状态。不过，自尊有强弱之分，过强的自尊会诱发虚荣心的产生，由此映射出内心的自卑。一个人对自己严格要求，知进退，懂荣辱，才是懂得自我尊重的人。一个高自尊的人，为了赢得他人和社会的尊重，踏踏实实地拼搏、奋斗，严守社会的道德标准，让自己体面而有尊严地活着。

但是，当你一味地为了面子而去做一些赢得别人尊重的事情时，这恰恰说明了你对此非常在意，也就是说，你是在自卑的驱使下做了赢取别人尊重的事情，这不是真正的自尊。简单来说，一个人越不自信时，就越执念于一些无足轻重的所谓底线，处处都要表现出自己强烈的自尊心。这种自尊，不过是一种基于不安全感之上的脆弱。

人不要把自尊看得太重，自信才会让人快乐，活得开心。人都会

有失去自信的时候，但是这不能成为堕落的理由。自尊心越强，自卑感越重；换句话说，自卑感强的人往往有过高的自尊心，他们的心理包袱很重，不能轻装前进。

延伸知识

自卑感测验

下面的问题可以帮助你了解自己的自卑程度，请你用以下标准评价你的情况。

①完全不符合　②很不符合　③较不符合　④不清楚

⑤较符合　　⑥很符合　　⑦完全符合

1. 你感到自己不能像多数人一样把事情做好吗？

2. 你感到自己缺乏很多好的品质吗？

3. 你是否经常感到讨厌自己？

4. 你是否经常担心你的所作所为会招致他人批评？

5. 你是否经常感到紧张不安？

6. 当你处于不利地位时，你常觉得命运不公吗？

7. 你是否经常担心别人会不愿意同你在一起？

8. 你是否经常因为其他人对你的看法感到焦虑不安？

9. 当你尽力想在某项活动中表现出色，而且你知道其他人也在关注此项活动时，你会显得不安或惶恐吗？

10. 你常害怕失败吗？

评价：以上题目，由低到高分别计 1 至 5 分，得分越高表明你的自卑体验越强烈。

老爸告诉你

孩子，有自尊心说明你是一个追求进步、知道上进的好孩子，但是，自尊心如果过于强烈，潜意识里就会产生严重的自卑感。爸爸给你举一个简单的例子：当你有一双极漂亮的鞋子时，你可能会在同学面前炫耀，因为你想得到赞赏；可是别人有一双漂亮的鞋子，而笑你没有时，你大声说"我也有"，那说明你的内心已经有了自卑感。为了维护自尊心，你才会说你也有。真正的自尊心是尊重自己，而不是在比较中展示。

我好在意别人的看法啊

案例导读

男孩青春小档案

姓名：李飞

年龄：15

爱好：书法、唱歌

烦恼：我总觉得有人在偷偷评论我。

◆ 为什么要这么说我?

"你了解我吗? 为什么就这么下结论? "李飞在办公室梗着脖子对班主任说。

"很多同学都举报了，你抄了别人的作业，而且还把别人的作业本扔进了垃圾桶! "班主任说。

李飞说："我说过，我没有拿他的作业本! "

班主任看到李飞这样的态度，越来越生气，说："好，我通知你家长好吧? 我不跟你说了! "

"好! "李飞说，"我等着。"说完摔门而去，把班主任气得脸通红。

他的确没有拿小宋的作业本，也没有抄作业，但他的确在倒垃圾的时候看到了小宋的作业本，他拿起来看了一下，看到上面有小宋的名字，便又扔了进去。因为他特别不喜欢小宋这个人，平时小宋总是一副高高在上的样子。他把小宋的作业本扔回去的时候，恰巧被同学

撞上了，所以才有了刚才那一幕。

妈妈赶到学校的时候，李飞还在办公室外面站着，他委屈地给妈妈说了事情的经过，妈妈说："好的，我知道啦。"

他们一起敲开了办公室的门，班主任很生气地说："你家孩子做错事情了，还不承认。"

妈妈回答说："孩子已经把事情跟我说了，我相信不是他做的。"

班主任皱起眉头，说："您这是袒护孩子，会把他惯坏的。他平时经常说谎，跟老师说话总是一副不服气的样子。"

李飞听到老师说自己，情绪又激动起来，说："老师，您讲不讲理？我没有说谎，您冤枉我了！"说完，李飞大哭起来。班主任还在说李飞的问题，她越说，李飞越是激动。

妈妈说："老师，我带孩子回去管一管吧，您不要着急。"说完，拉着李飞走出办公室，只听班主任在身后说："怪不得孩子这样，妈妈也不懂事。"

其实，李飞一直是很懂事的，但自从进入青春期后，他就特别在意别人对他的评价，但凡别人有一点说得不对的地方，他就会跳起来。妈妈很了解儿子的脾气，常常劝他："我们做好自己就可以了，不要听到别人说什么你就激动。"

李飞虽然嘴上答应着，但他还是控制不住自己，不能忍受从别人的嘴里听到他的一个缺点，只要听到他就像炸了毛的斗鸡。

专家帮帮忙

当一个人极在意别人的看法时，首先他对自己是持有否定态度的，对自我的怀疑、厌恶、恐惧有很多种表现形式，自卑就是其中最常见的一种。谁也不会长期生活在聚光灯下，把别人对自己的肯定当成自我接纳的条件，这本身是不恰当的。

不同的人对同一事物的评价是不同的，一家言难解百家愁，一人难称百人心，很少有人能站在客观的角度去分析问题，且还能百分之百地告知你。周国平老师曾这样说过："我从不在乎别人如何评价我，因为我知道自己是怎么回事。如果一个人对自己是没有把握的，就很容易在乎别人的看法了。"一个人要学会让自己的内心强大，这样我们就能摆脱别人对我们的看法，而这来源于我们对自我的认知与洞察。你对自己越了解，你就越不会被别人影响。

延伸知识

四种人格气质类型

希波克拉底是古希腊的著名医师，西方医学奠基人。他认为体液即是人体性质的物质基础，他把人的体液分为多血质、黏液质、胆汁

质和抑郁质。这四种不同类型的体液来自不同的器官。

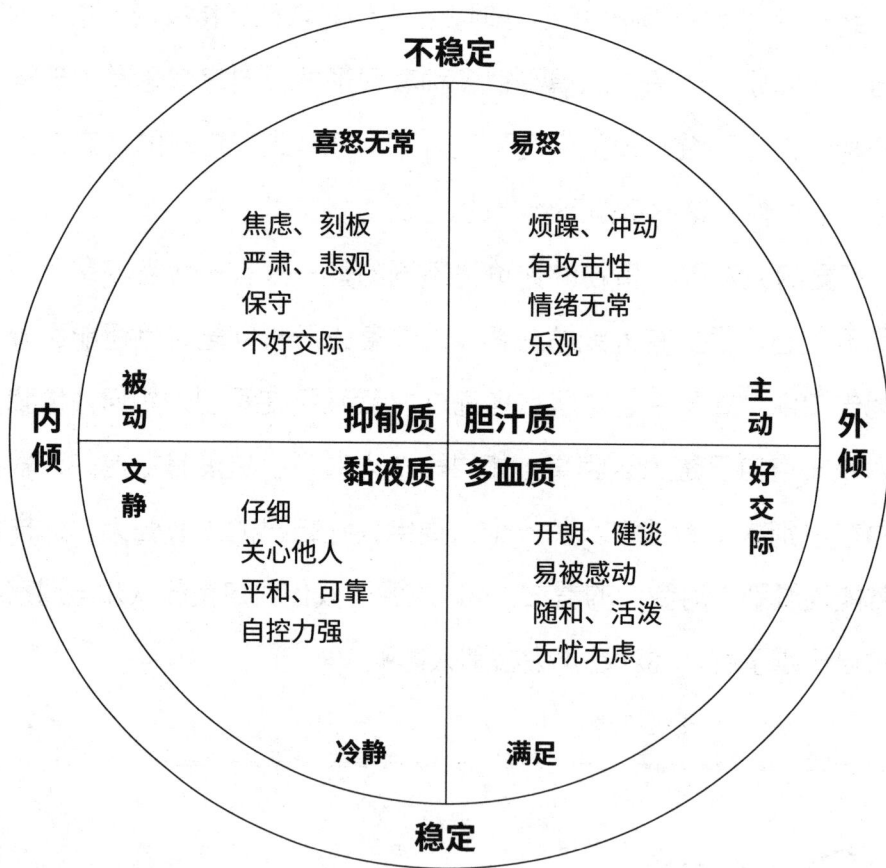

不稳定

喜怒无常

焦虑、刻板
严肃、悲观
保守
不好交际

易怒

烦躁、冲动
有攻击性
情绪无常
乐观

内倾

被动

文静

外倾

主动

好交际

抑郁质　胆汁质

黏液质　多血质

仔细
关心他人
平和、可靠
自控力强

开朗、健谈
易被感动
随和、活泼
无忧无虑

冷静　　满足

稳定

多血质

多血质的人的特点：大多具有朝气蓬勃、热情活泼、爱交际、有同情心、思维活跃等特点；容易出现变化无常、粗枝大叶、浮躁、缺乏一贯性等情况。

抑郁质

抑郁质的人的特点：他们体验情绪的方式较少，产生稳定的情感通常很慢，但对情感的体验深刻、有力、持久，而且具有高度的情绪易感性。

胆汁质

胆汁质的人的特点：情绪产生迅速、强烈、持久，动作迅速、强烈、有力。

黏液质

黏液质的人的特点：神经活动强而均衡的安静型，善于克制、忍让，生活有规律，不为无关的事情分心，有耐力，埋头苦干，不卑不亢，不爱空谈，严肃认真；不够灵活，注意力不易转移，因循守旧。

英国心理学家汉斯·艾森克将因素分析法和经典实验心理学的方法结合起来，主张采纳类型的概念，把人格的类型模式和特质模式有机地结合起来，将它们归结到"内倾—外倾、神经质和精神质"三个基本维度上。艾森克还根据人格的两个维度（内／外向和神经质），把人分成四种气质类型，与古希腊医师希波克拉底提出的体液中的四种类型（多血质、胆汁质、黏液质、抑郁质）正好对应起来。

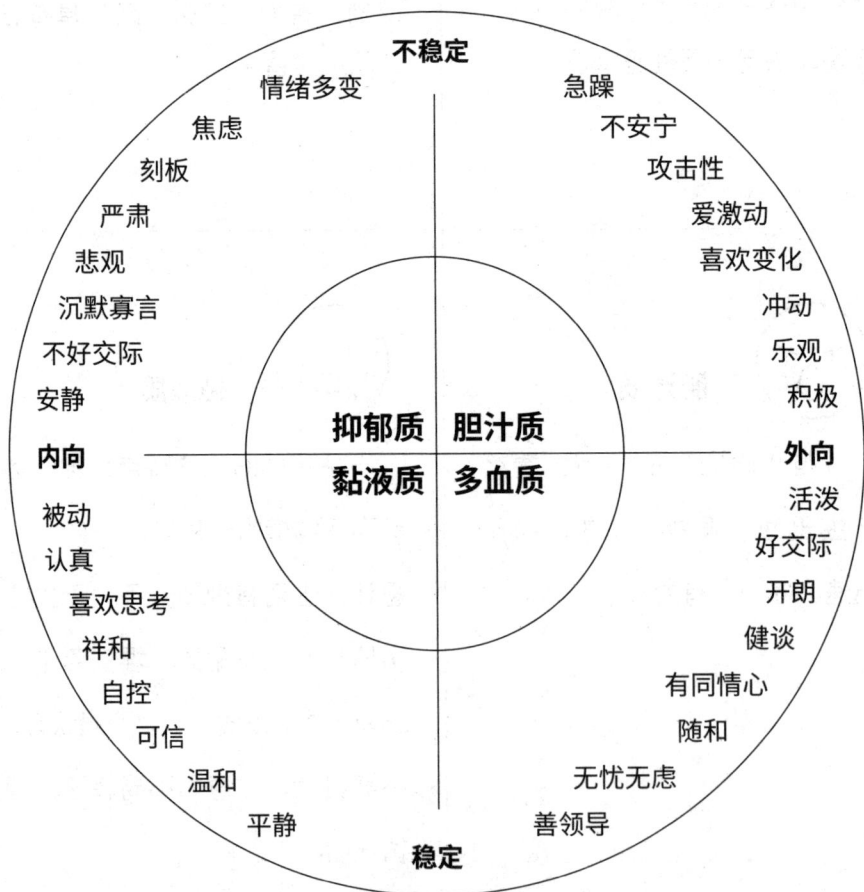

与艾森克两个主要的人格维度有关的特质

老爸告诉你

别人的评价会让你知道自己的缺点是什么，但是过分关注的话则会使你失去自我。老爸相信，你之所以在乎别人的眼光，是因为你对自己还不满意。那么从现在开始，给自己一点勇气，行动起来，多接触他人，多和他人交流，让自己变得更加强大。

老爸在你这个年龄的时候，总觉得自己生活在别人的注视下，给了自己很大压力。现在回头来看，大家都在忙自己的事情，别人其实不会对你关注太多。记得你曾经说过"不要拿我跟别的孩子比"，那你为什么在意别人的目光呢？

我为什么觉得生活没有意义，想自杀？

案例导读

男孩青春小档案

姓名：郑昆

年龄：15

爱好：书法

烦恼：我觉得生活一点意思都没有。

◆ 为什么我的生活一点意思都没有？

郑昆是独生子，从小受父母特别是爷爷奶奶的呵护，没上过一天幼儿园，幼儿期多半时间是在家里玩耍。上小学后，郑昆的性格渐渐变得有些孤僻，他不爱说话，也不爱和同龄人交往，除了打乒乓球、下象棋，没有其他爱好。

他升入中学以后，成绩一直不错，在班上总是名列前茅。虽然没有几个朋友，但他每次考试拿到成绩单后，总会从爷爷奶奶和爸爸那里得到考前承诺的金钱奖励。

初二下学期，沉默寡言的郑昆的生活本像一潭平静的湖水，可突然一颗小石子降落，激起了一圈圈涟漪——班上一个活泼可爱的女生小可闯进了郑昆的生活。

小可学习成绩不错，而且爱说爱笑，可爱极了。这天，小可主动告诉郑昆："我喜欢你！"

郑昆吓了一跳，虽然没有回答什么，但脸却红透了。小可则在一旁咯咯地笑起来。从那以后，他们一起吃零食，一起打球，一起学习，两个孩子朦朦胧胧地开始"恋爱"了。郑昆也开始注重穿衣打扮了。他觉得跟小可在一起的日子，每一天都是阳光灿烂的。

很快他们升到了初三，小可的户口不在本地，所以她要回到自己的户籍所在地去读初三，这就意味着郑昆要与小可分开了。郑昆难过极了，小可哭了，但是没有办法，他们太小了，根本没有办法主宰自己的生活。

自从小可走后，郑昆的情绪变得低沉、抑郁，常常一个人发呆，学习虽然没有退步，但看起来学得很痛苦。他自知这样下去很危险，所以便开始寻找转移注意力的方法。他买了沙包和绑腿，在家里锻炼体力，只有在身体极度疲惫的状态下，他才能睡着。

期中考试结束了，郑昆没有进前三名，这对一直保持第一名的他来说是一个不小的打击。爸爸妈妈并不知道原因是什么，看到名次后便开始责备他，郑昆心里烦躁极了。

"爸妈只关心我的学习，平时不管我，考完试就出来骂人。奶奶管着我吃饭，少吃几口就唠叨个没完。我连一点自由的时间和空间都没有了，活着还有什么乐趣？"郑昆在自己的日记中写下了这样的句子。

渐渐地，他的情绪变得不受控制。为了发泄，他在家里经常用拳头砸墙壁，有时手背被砸到破皮，鲜血直流，这样他的情绪才能变得平静一些。

晚上和妈妈通完电话，他的情绪变得极为低落，一个人站在了阳台上，对着星星说："为什么？为什么别人的妈妈都那么温柔，而我的

妈妈却只关心学习，他们生我下来难道只为了让我学习吗？他们为什么不爱我？……"

他轻轻地打开窗户，仿佛听到有一个声音召唤他。

"郑昆！"奶奶发现孙子不正常，在后面大声地叫了一嗓子，把郑昆吓得一激灵，他这才回过神来。他后怕极了，心想：刚刚自己是想自杀吗？我为什么会有自杀的想法呀？

专家帮帮忙

青春期孩子由于面临的学习压力、成长压力比较大，而许多学校和家庭都缺乏必要的挫折教育和心理素质教育，这造成一些孩子的心理抗压能力不强，面对压力缺乏相应的应对能力。

一般情况下，青春期孩子的自杀通常都是情绪化所致，大多只在一念之间，不易被人察觉。青春期孩子在情绪波动时，感到委屈、悔恨、内疚、羞愧、激愤、烦躁等，都可能产生厌世的念头。这种念头源于冲动，来去都很快。在情绪来临时，如果立刻察觉，马上实施干预，这种念头就会消失。有时不加干预，这种情绪也会随着时间的推移而淡化，但也有可能会激化。

青春期孩子易受情绪波动的影响，很多想法来去匆匆，没有任何征兆，这加大了对自杀心理实施干预的难度。这种情况不能过度关注，以普遍教育为主，特别关注为辅。在发现青春期孩子产生不良情绪时，

大人就必须温和地进行介入性干预，并持续关注，因为这种情绪可能会伴随孩子的成长，是很危险的。

📖 **延伸知识**

情绪是怎么产生的？

生活中，总会有各种情绪伴随我们左右。我们有时焦虑不安，有时开心喜悦，有时孤独恐惧，有时悲伤难过，有时羡慕、嫉妒甚至恨……人通过眼耳口鼻舌身接收感受，这些感受通过认知、分辨后，在心脏处产生反应，传递到大脑以后形成情绪的刺激记忆。情绪是触发的、爆发式的，瞬间产生，表现出来，不会停留太久，通常没有哪种情绪会一直延续到第二天。

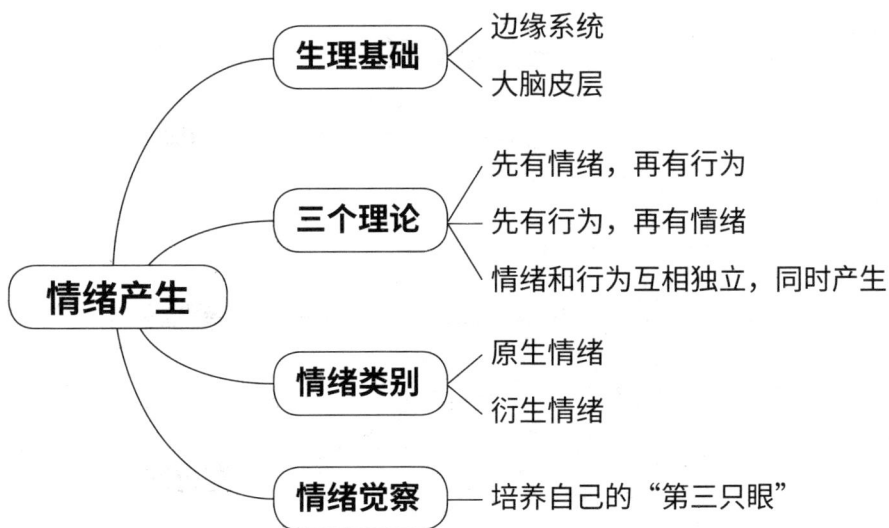

```
                        ┌─ 边缘系统
           【生理基础】─┤
                        └─ 大脑皮层

                        ┌─ 先有情绪，再有行为
           【三个理论】─┼─ 先有行为，再有情绪
                        └─ 情绪和行为互相独立，同时产生
【情绪产生】
                        ┌─ 原生情绪
           【情绪类别】─┤
                        └─ 衍生情绪

           【情绪觉察】── 培养自己的"第三只眼"
```

有些情绪无法及时消化时，就会形成情绪记忆。就如我们看到某个物品可能会觉得开心、伤心、难过等，那都是情绪记忆的触发。从心理学角度来说，人有四种基本情绪，分别是快乐、愤怒、恐惧和悲哀，这些情绪又产生相关分支，比如：幸福、希望、友好、惊奇、蔑视、嫉妒、羞愧、焦虑、沮丧、失望、冷漠等。

神经学家保罗·D·麦克莱恩认为，人有"三脑"，这便是著名的"三脑假说"，这个假说认为人脑有三个重要的功能区。

第一个功能区为爬行脑，它维持着人的基本功能，是婴儿一出生就开始使用的，不会受人的主观意志控制。我们遇到危险时的应激反应就来自爬行脑。爬行脑也被称为古老脑。

第二个功能区为哺乳脑，它由杏仁核和海马结构组成。海马结构主要与人的记忆相关，而杏仁核是一个敏感的探测器，可以探查人的

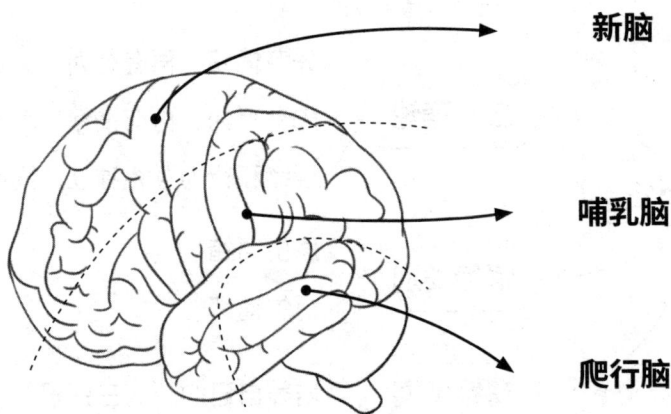

三层脑理论

新脑

哺乳脑

爬行脑

144

情绪。哺乳脑也被称为情绪脑。

我们的原始情绪就是由这两个功能区产生的，自人类一出生它就开始工作了。

第三个功能区是新脑，它发育较晚，可以理智地对外界的情况进行分析。这三个功能区一起工作，当受到外界刺激，杏仁核发出信号，一个成熟的大脑不会立即反应，而是将信号传递到理智脑里的瞭望塔——前额叶皮质，由它先去评估，然后大脑再做出反应。如果大脑探知到危险信号，需要做出反应时，大脑就会释放荷尔蒙、肾上腺素、皮质醇等物质，让身体做出相应"坏"情绪的反应；大脑收到好的信号时，就会分泌多巴胺、催产素、血清素等物质，让人产生"好"情绪的感觉。新脑也被称为理性脑。

理论假说	三脑理论 （Triune brain）		
提出者	保罗·D·麦克莱恩（Paul D.MacLean） 美国国家精神卫生研究院大脑研究和行为实验室主任		
三脑名称	爬行动物脑 （Reptilian brain）	古哺乳动物脑 （Paleomammalian brain）	新哺乳动物脑 （Neomammalian brain）
简写	爬行脑 （古老脑）	哺乳脑 （情绪脑）	新脑 （理性脑）
三脑构成	基础脑 （基底核＋小脑＋脑干）	中间脑 （下丘体＋海马体＋杏仁核）	新皮层 （左右脑＋皮层＋神经元）
三脑位置	最基底	中间（包裹爬行脑）	最外层（包裹哺乳脑）
控制内容	自运行生理机能（如心跳、呼吸、睡眠等本能）；应激反应	情绪、记忆、社会性关系等	思维活动 （思考、分析、逻辑、想象、创造等）

老爸告诉你

孩子，人的一生总会遇到这样那样的问题，没有一个人一生都是一直平静的，无风无浪。当爸爸在你这个年纪的时候，我也有很多问题想不明白，很多事情哪怕自己努力也得不到想要的结果。孩子，这些都不重要，重要的是你是爸爸妈妈的宝贝，人的生命只有一次，你不可以因为一时的不顺就放弃宝贵的生命！人活着就有希望。爸爸希望你以后遇到什么事情就告诉爸爸，爸爸很乐意成为你的朋友、战友以及参谋！

……

第八章

"网"罗天下
——我在网络世界的"平行人生"

如今，网络无处不在，互联网的世界充满新奇的事物，我们不可能与互联网完全绝缘，但如果我们把精力过多地放在网络上面，就会沉迷于虚幻的世界。

驰骋网游，要分清虚幻与现实

男孩青春小档案

姓名：李客

年龄：14

爱好：玩电子游戏

烦恼：我想生活在网络世界中。

◆ **我要是生活在网络世界就好了。**

李客生活在一个单亲家庭中，从小就跟着妈妈生活。妈妈平时工作很忙碌，所以他大多时候都是自己玩。有时候妈妈要开会，就会给他一个平板电脑，让他玩会儿游戏。渐渐地，他越来越喜欢，也越来越依赖电子游戏了。

这天，李客一个人在卧室里玩游戏，突然接到妈妈的电话，让他马上到楼下。因为妈妈要出差，没人照顾李客，所以要带上他一起去出差。

对李客来说，这种事情早已经习以为常，他有一个他所说的"战备包"，里面装了一些平时常用的物品及衣物。如果妈妈临时要带他一块儿出差，他背上"战备包"就可以走。当然，他没有忘记带上自己的平板电脑，那可是除妈妈以外最亲的"人"。

李客刚下楼，妈妈的车就开来了。李客上车后，突然觉得有点恍惚，他觉得来接自己的似乎不是妈妈，而是游戏队友，而马路上的一辆辆

车似乎都有可能成为敌人，他们的车窗就像马上要窜出一支支枪来。他揉揉眼睛，不可思议地看了一眼妈妈，又看了一眼马路，却发现一切如常，并没有什么变化。

妈妈出差开会，李客一个人在酒店玩游戏。突然，他觉得有些凉，于是站起来去关窗。这是十六楼，李客朝楼下望去，下面的人变得小小的。他突然有种冲动，想从这里跳下去，仿佛背后有降落伞包。一阵凉风吹来，李客瞬间清醒，他往楼下一看，吓出了一身冷汗。

晚上，妈妈回来了，他对妈妈说："妈妈，我不知道怎么了，最近总是觉得我生活在游戏里。"

妈妈笑笑说："那是因为你游戏玩得太多了。"的确，妈妈以为孩子在说笑，并没有太在意。如果她真的在意了，估计后面的悲剧也就不会发生了。

一天，班主任把李客叫到办公室批评了一顿，因为他最近上课老是走神，成绩也下滑明显。李客回到家里，心情很低落，他的手又落到了平板电脑上，又玩了两局游戏，和往常一样拿到了 MVP。

"我要是能生活在游戏里多好。我为什么要在现实生活中受这个罪呢？"李客叹了口气。突然，他仿佛听到一个声音说："重新开局呀！"

对呀，重新开局，李客心里想着，眼睛落到了水果刀上。他鬼使神差地抓起水果刀在自己的手腕上一划，血瞬间涌了出来。

幸好，正在做饭的李阿姨听到李客房间没了声音，过来看看，发现李客满手是血，立刻把他送到了医院里。李阿姨如果晚来一步，李客估计就没救了。

妈妈趴在儿子身边大哭，她不知道平时懂事又乖巧的孩子为什么会伤害自己。

专家帮帮忙

网络游戏打造了一个虚拟世界，其中充斥着现实生活中各种各样不可能存在的奖励诱惑。通常情况下，在网络游戏中达到一定的级别或积累到一定的经验值，玩游戏者即会得到相应的奖励，或者是一些虚拟的称号、尊位，这便是青少年对此狂热的最根本原因。

首先，我们必须回归到正常的现实生活中来，明白网络与现实的区别，认识到在网络世界中获得的一切体验都是虚拟的，都是一种情绪价值的激发，并不能与现实社会连通在一起。其次，要重新给自己定位，明白自己真正想要的是什么。在网络世界中发展得再好，人终究还是要回归现实的，前途、未来都在一念之间。

网络永远只是一个工具，它可以为你寻开心，也可以为你增长知识，重点在于你怎么去使用。以李客的状态来看，他已经沉迷于其中无法自拔了，网络虽然可以让我们体会到精神需求被满足的感觉，可它终归是虚拟性的。李客把它当成了发泄、逃避现实生活中种种不良情绪的避难所，才会造成这样的悲剧。

延伸知识

长期沉迷网络的危害

长期沉迷网络对人是有很大危害的，对于正处于发育期的青少年来说，危害更大。

严重影响人的视力

电子产品不仅有辐射，其屏幕的亮度也会刺激眼球，容易造成视觉疲劳，对视力的损伤极大。对正在发育期的青春期少年来说，这种伤害是不可逆转的。

会影响交际能力

对网络产生了依赖，青少年便会将自己的很多精力投入在网络世界中，在现实生活中渐渐地就会失去与人交往的能力。

会影响身体的健康

青春期是身体生长发育的关键时期，若青少年使用电子产品长期保持一种姿势，就会给身体埋下健康隐患。

老爸告诉你

悄悄告诉你，老爸小时候也喜欢玩游戏，我们那时有街机、有网游，还有手游。但是，爸爸始终觉得，游戏只是用来休闲和娱乐的，而且，是你在玩游戏，而不是游戏控制你。网络是虚拟的，你觉得美好，你喜欢在网上冲浪，说明你是一个聪明且有上进心的孩子。但你越是沉迷于网络的荣耀中，就越会忽略现实社会，忽略这个你未来要面对的现实社会。希望你做好准备，抬起头从网络中走出来，在现实学习生活中"真刀真枪"地大干一场。

网线那头，谁知道是个啥？

男孩青春小档案

姓名：毕宇

年龄：14

爱好：唱歌

烦恼：怎么我就被骗了呢？

◆ **我到底哪里有问题？**

"小哥哥真棒！你一定又帅气又优秀，我好喜欢你哦！"

"毕宇，我支持你，你最棒啦！"

"世界上怎么还有你这么优秀的人！"

……

毕宇玩的某游戏软件的聊天框中弹出了许多条夸奖他的信息，每一条信息都让毕宇高兴半天。现实生活中，从来没有人这么夸赞过他。

毕宇长得一般，学习成绩一般，并没有什么过人之处。说起玩游戏，其实他也很一般，但估计这种游戏软件大多是用于交友的，所以毕宇每打完一局游戏，就会有许多人给他发来称赞的信息。

最开始毕宇也不太在意这些信息，但有一个网名为"狗子妹妹"的人出现后，毕宇开始改变了。这个"女生"自称是某中学初二年级的学生，只要毕宇上线，"她"就一定在线。毕宇开局后，"她"一

153

定进来观战；毕宇结束一局，"她"就会发出鼓励信息或者赞赏信息。

于是，毕宇和"狗子妹妹"成了好朋友，他们聊了很多很多，聊人生，聊理想，甚至约好了一起上哪所大学。这天，"狗子妹妹"又上线了，"她"对毕宇说："小宇，我想买学习资料，本来妈妈已经给我钱了，可是刚刚在公交车上给挤掉了，怎么办呀？"

"多少钱？"毕宇关心地问。

"不多，260 元。"

"你加我微信吧，我转给你。"毕宇把微信号发给了"狗子妹妹"。

"狗子妹妹"拿了钱，对毕宇说了很多感谢的话，就上学去了。第二天，毕宇早晨刚睁眼，就收到了一条转账信息，原来"狗子妹妹"还钱了。

也正因为这件事情，毕宇越来越相信"狗子妹妹"了，而且两个人还商量好周末见面。毕宇把这件事给妈妈说了，妈妈看了他们的聊天记录，没有看出什么异常，但还是长了个心眼，悄悄在毕宇身上放了一个迷你定位仪。

周末，毕宇按约定时间来到了公园，过了好一会儿，远远地过来一个中年妇女，一见毕宇就说："是小宇吧？可儿（狗子妹妹）昨天感冒了，我就没让她下车，你看她就在那边车里，跟阿姨过去吧。"

毕宇隐隐约约地看到对面面包车里仿佛有个女孩，便没有任何怀疑地跟着中年女人来到面包车前。他还没有说话，那女人就直接把他推上了车。

妈妈从手机上看到定位仪的路线，发现儿子坐的车竟然沿着省道

一直跑到了城边村子里。她知道出事了，马上报了警。

警察根据妈妈提供的信息，很快找到了毕宇。原来，那是一个传销组织，"狗子妹妹"就是那个中年妇女，他们通过各种手段将人骗来，进行洗脑，然后沦为他们赚钱的机器。

毕宇扑进妈妈怀里痛哭起来，妈妈抱着毕宇也哭了起来。

专家帮帮忙

进入青春期后，青少年的心理和身体都经历着翻天覆地的变化，他们会对自身更加关注，对自己身心的各种变化变得敏感，开始思考人生、思考自我。这个时期，青少年会对外界产生更高的要求，而此时外界也同样要求他们要从各方面提高自己。此时两者就会产生冲突，甚至会造成激烈的矛盾。

从生理上来说，正处于青春期的青少年有着朦胧的性意识和性冲动，会出现想了解异性的强烈的心理，而现实中的性教育基本上还处于欲说还休的状态。网络创造的全新交友方式，为对爱情充满憧憬和追求的广大青少年提供了一个了解、结识异性朋友的广阔空间。

从心理角度来说，青少年认知能力差、自我保护意识淡薄，再加上他们极想得到认可的心理，这些便给网络的某些不良环境及人员提供了可乘之机。因为网络更容易使他们在心理上得到满足，所以当他们在现实生活中遭遇困难或挫折时，网络的虚拟性和开放性为他们逃

避现实压力提供了空间。网络使得他们的言行不再受到现实社会中一些规则的限制，他们可以任意地发泄自己的负面情绪和对他人的不满，因此他们便更加依赖网络。

但是，网络是虚拟的，你无法通过人的语言、照片甚至视频去判断一个人的外貌，更无法去探知别人真正的想法。你会不知不觉地给网线对面的人加上"光环"，导致盲目信任，上当受骗，造成不可挽回的损失。

延伸知识

如何防止网络诈骗？

一、不要随意透露自己的信息

网上玩游戏、交友切不可随意泄露自己的隐私信息。自古就有"人在外不可露白"的说法，无论网上骗术是否高明，骗子们的突破口一定是"套话"，比如：假装和你聊天套出你的居住地，利用与你熟悉的关系套取关键信息，利用你的情绪变化诈取你的身份信息等。

无论何时何地以及何人，你都不要随意透露自己的关键信息，因为现在很多骗术都是你不可预料的。你的关键信息被人掌握后，骗子们可能会顺着这些消息找上门，或者通过你的信息在网上进行一些违法、犯罪行为，这是很危险的。

二、不要贪图小便宜

很多人会在网上体会到现实生活中体会不到的成就感，也会接到许多这样那样的中奖信息。这种天上掉馅饼的活动在网上比比皆是，但很多都是圈套。对于一个判断力、识别力还不够强的青少年来说，你是很难从这些小便宜中分辨出真假的。很多投票、中奖链接，一旦你点开填写了个人信息，就会掉进圈套之中，对方通过一个小诱饵会赚取到更多的利益，而你却毫无察觉。

三、拒绝网上的甜言蜜语

即使在现实生活中，人与人之间交往也常常会有"失信"的情况，更何况是在网上。一些人利用网络的特点，塑造好的形象，吸引你的注意，跟你说一些甜言蜜语，博取你的信任，以达到他们不可告人的秘密。当你沉浸在他们为你编织的虚拟世界中时，你根本无法判断对方身份的真假。

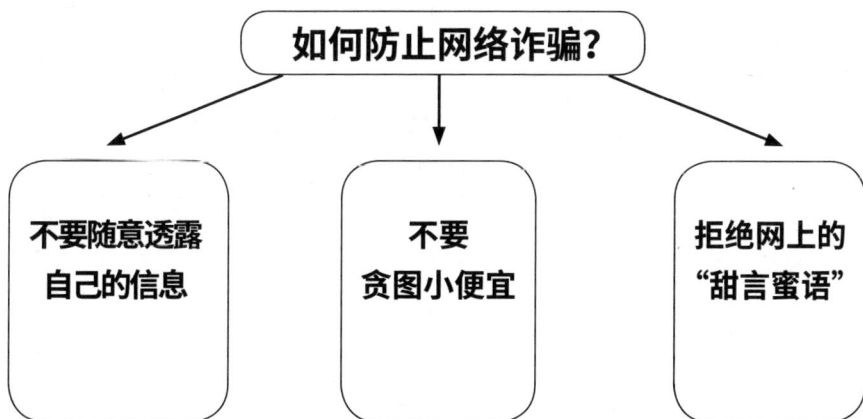

如何防止网络诈骗?

不要随意透露自己的信息	不要贪图小便宜	拒绝网上的"甜言蜜语"

老爸告诉你

孩子，生活中你存在的问题，放在网络上也会依然存在。同样，你觉得网线那端的人是极完美的，没有一点瑕疵，这可能吗？你将自身变得更加优秀，现实生活会给你带来你想要的东西。俗话说"人心隔肚皮"，更何况是网络呢？不要沉浸在那些虚幻之中！网线的另一头，你根本无法预估是什么。各种证书，哪怕你听到的声音、看到的照片和视频，哪一样不可以通过伪造技术造假？

网络中的人与人之间，就好像隔着一层纱，纱没揭开，你永远不知道那边是什么。这就好比一场赌博，你愿意拿自己的青春甚至生命下注吗？爸爸希望你一步步扎扎实实地走好人生路，而不是靠着"赌"去证明什么！

"朋友圈"——陷阱圈

男孩青春小档案

姓名：李商言

年龄：16

爱好：玩游戏、绘画

烦恼：我好像被"朋友"骗了。

◆ 明明是朋友，为什么骗我？

最近李商言妈妈突然觉得自己卡里的钱莫名其妙地变少了，因为平时不太注意花销账单之类的，所以她一直以为是自己花掉了。可是最近在月末对账时，发现少了很多钱，而这些钱在她的消费记录里面没有。于是，妈妈就想到了李商言，因为在他那里，还有一张副卡。

"言言，你最近买什么了，怎么我卡里的钱少了这么多？"妈妈问。

"我不告诉你，等我赚了钱，再告诉你。"李商言神秘兮兮地说。

无论妈妈怎么问，李商言总是说"保密""机密"之类的话，所以妈妈只好自己去银行查账单。

不查不要紧，一查妈妈就发现了问题：李商言转账的对象是某科技公司，最初几次是几百，这家科技公司返还了，最后一笔是六千，科技公司则没有返还。

妈妈最先想到的是"网贷"，她知道一些人在网上向需要用钱的

人放高利贷，无论是这个网贷公司还是放贷的人的行为都是违法的。

"言言，"妈妈一回家就赶紧叫来了儿子，"你告诉妈妈，你的钱干什么用了？儿子，你还小，有些事情是不能做的，是违法的。"

李商言看着妈妈手里的账单，笑笑说："妈妈，你是不是以为我参与什么非法组织啦？放心吧，我只是投资。来，你看我的朋友圈。"

说着，他打开自己的朋友圈，里面果然有好多"投资"类信息。李商言说："本来想赚了钱再告诉你呢，现在你既然问，我就告诉你。我的发小刘雷，你还记得吧？他爸爸在这家科技公司工作，我们只要投资买他们公司的装备，然后他们代卖，一转手钱就赚了，多好！"

妈妈被李商言说懵了，这时正好爸爸回来了，爸爸说："言言，哪个刘雷？我认识刘雷的爸爸呀，我怎么不知道他有什么科技公司？"

"怎么会？我还见过他爸爸在公司大厅的照片呢！"李商言笑着，翻出照片来给爸爸看。

爸爸拿过手机，哈哈大笑："儿子，刘雷有几个爸爸呀！这人哪是他爸爸呀！"突然，爸爸也反应过来，问，"你是不是被骗了？"

李商言一下子愣住了。

果然，李商言被骗了，钱一去不复返了。刘雷主动承认："那公司说了，我只要再拉一个人，就给我双倍提成。"

原来，刘雷也是被骗的，他又以同样的方法骗了李商言。如果李商言不被爸爸妈妈发现的话，他可能也会成为下一个行骗人。

李商言哭着问刘雷："我把你当朋友，你为什么骗我？"刘雷也是无言以对，一个劲儿地哭。

专家帮帮忙

男孩进入青春期后会产生强烈的交友欲望，这是正常的心理需求。他们之所以想交友，是趋向于开拓自己独立的天地，拓展自己的交际范围，以便倾诉成长中的一系列困惑，也想展示自己的能力。此时的青少年虽然身体发育逐渐成熟，但心理方面只是主观意愿觉得自己成熟，其实他们有些方面仍像孩童一样，特别是分辨能力很弱，不懂得如何选择朋友。他们很可能为了追求"好玩"和"刺激"，接触一些不良少年。虽然父母发现后会极力反对，但对他们而言，这就好比从婴儿手里抢糖一样，"糖"并不重要，重要的是你"抢"的动作就会引起他们反抗的情绪。

还有很多孩子，生活中交友范围有限，却渴望有更多的朋友，于是他们将友谊关注点放到了网络上。天南地北的人聚在一起，总会建立起自己的朋友圈，而这种朋友圈的建立往往是没有经过选择的。也正因为此，这样的朋友圈危险系数就会比较高。

因为人与人交往的目的是不同的，你以获得友谊为目的，别人可能是以获得利益为目的。当你的朋友圈中有人以获取利益为目的时，他就会消耗你们的友谊。所以交友一定要谨慎，网络上交友更要谨慎。

延伸知识

应该建立一个什么样的朋友圈?

《论语·季氏篇》中孔子告诉我们说:"益者三友,损者三友。友直、友谅、友多闻,益矣;友便辟、友善柔、友便佞,损矣。"

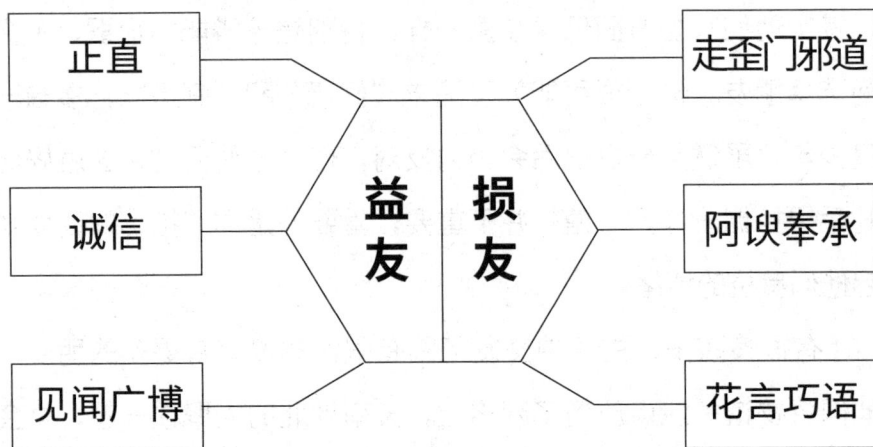

正直		走歪门邪道
诚信	益友 损友	阿谀奉承
见闻广博		花言巧语

青春期的孩子最喜欢交朋友,有时能说上两句话的便以为可以做朋友了。其实,朋友是需要选择的。你需要选择那些能够一起变得更好的人做朋友,而去避开那些消耗你的人。如果你觉得这位朋友对你来说有引领作用,或者你与他在一起会让自己变得更优秀,那你一定要深交,把他放在自己朋友圈的重要位置。

我们在生活中一定要避开消耗你的人,一定要和能够让你变得更好的人在一起,和他们交朋友。如果你感觉你遇到的这个人让你感到

非常舒服，而且又非常积极，你可以选择跟他深交。因为他的正能量会让你变得更加优秀。反之，如果一个人出现在你的生活中，他只是一味地索取，诱导你产生负面情绪，或者经常在你面前评论别人，那这样的人一定要远离，因为他的负能量会影响到你。

与**孝顺**的人交朋友。一个对自己父母孝顺的人一定懂得感恩。如果一个人连对他有生养之恩的父母都不尊重，怎么会尊重你？

与**善良**的人交朋友。善良的人通常都宽容。有一天你会明白，聪明是一种天赋，而善良是一种品行，他既然善良，就会善待你们的友谊。

与**勤奋**的人交朋友。人勤奋就会有一颗上进的心，他可能是陪着你一起走上坡路的人。而且勤奋的人一般都有一颗乐观的心，他们对待生活、对待朋友都是积极上进的。

当然，朋友是你选择的，而你的朋友也在选择你，所以你想让你的朋友圈变得强大起来，你就要先把自己变得更加强大。自我提升，做一个懂得感恩、孝顺父母的人，每天充满正能量，这样你身边的朋友就会越来越多，朋友圈也会越来越大！

老爸告诉你

一个优秀的人往往可以吸引人来到身边。孩子，当年老爸有许许多多的朋友，我对他们真的极真诚，我很重义气。但是现在老爸的朋友只剩下两个了，为什么呢？因为人对朋友是要有选择的。你现在在网络上认识了一大批朋友，但你并不了解他们。他们是什么样的人，会做什么样的事，你统统都不知道。有些人常常利用你对友谊单纯的信任去伤害你。爸爸希望你能明白真正的友谊从来不是"我让你去做""我为了你好"，而是互相成就对方。

追星要适度

◆ 为什么要扔我的偶像？

吴东从小就喜欢唱歌，读小学五六年级时参加歌唱比赛，他每次都拿到了奖。上中学后，他和几个爱好音乐的小伙伴组了一个乐队，全校有一大半的学生都成了他们的粉丝。

他们也有自己喜欢的人，某乐队就是他们的偶像。吴东的书桌、卧室都堆满了某乐队的周边产品。妈妈并不反对儿子的爱好，也支持他们有自己喜欢的偶像，但是后来吴东越来越过分了。

这天，某乐队来到他们所在的城市演出，他们几个人竟然偷偷地从家里拿钱买了票，还偷偷从学校溜出去看演唱会。

这下几个家长全都急了，他们接到学校的电话后，四下里去找几个孩子，直到吴东爸爸从手机里看到了抢票记录才知道他们几个的行踪。

吴东那天是被爸爸拎回家的，妈妈吓得一直在哭。爸爸说："你真

的是越来越过分了，你知道你今天都做了些什么吗？"

吴东一脸委屈地说："某乐队好不容易来我们这里，怎么可能不去呢？我是铁粉呀！"

妈妈哭着说："你才多大，你是铁粉，你要是丢了怎么办？我不反对你追星，但不能这么追呀！"

吴东生气地说："你们已经把我想看的演唱会搞砸了，你还哭？"

爸爸一把把吴东推进车里，啪地关上车门，说："你越来越能耐了，怎么跟妈妈说话呢？追星，追星追傻了吧？"

吴东吓得不敢出声了，乖乖地跟着爸爸妈妈回了家，结果一回到家，爸爸就拿了一个大箱子，把某乐队的东西全都装了起来，而且还把吴东的吉他也收了起来。

吴东看着爸爸收东西，也不敢跑上去拦，眼泪像断了线的珠子一样啪哒啪哒地往下掉。

第二天，吴东回到学校，同乐队的小伙伴凑在一起诉说昨天的事情，除了鼓手小雷没有被禁止玩乐器，其他几个小伙伴都被禁止了。几个小伙伴越说越生气，可又想不出对策。

专家帮帮忙

步入青春期的孩子，他们的心理状况往往是非常复杂的：一方面，他们渴望得到同伴的认可；另一方面，他们又需要进行自我确认，而

追星恰恰能满足他们这两方面的心理要求。不过，对青春期孩子追星的问题，假如像吴东爸爸一样一味地强制孩子放弃追星，扔掉孩子搜集的明星资料，或不给孩子买唱片的钱，最终一定会适得其反。

其实，青春期孩子对于偶像的崇拜缘于他们对美好事物的追求，虽然他们可能会做出一些狂热的行为，但其实并没有大人想象得那么过激。

也就是说，他们的追星经历往往具有暂时性和过渡性的特点，一段时间后，热情可能会逐渐减弱，也可能追星的对象会换成别人。因此，当你看到孩子狂热的追星表现时，大可不必过分慌张，而需要对他崇拜偶像的行为进行正面引导，这样才会对他良好行为的塑造产生正面、积极影响。

📖 延伸知识

引人注意的心理
通过模仿、崇拜明星来改善自己的言行举止和衣着打扮，引人注意。

炫耀的心理
通过追星，体验到一种自豪感、满足感，甚至"成功感"。

为什么青春期孩子爱"追星"

从众的心理
只要出现时尚的事物，出现明星，他们便会以极强的模仿力保证自己不"落伍"。

满足的心理
他们把对异性的幻想转移到明星身上，满足自己的心理需求。

老爸告诉你

孩子，你有喜欢的明星很正常，爸爸像你这么大的时候，也有自己喜欢的明星，我还理过他的同款发型，买过他的同款衣服，所以爸爸不反对你有自己喜欢的偶像。但是，再喜欢也不可以影响自己正常的生活，明星的粉丝千千万，而你的未来只有你自己能主宰。你如果变得越来越优秀，极有可能将来像明星一样成功，距离他们越来越近；假如你因为追星而荒废了自己的学业，那你会离你的偶像越来越远。

第九章

学习是件特别酷的事儿

很多男孩对自己的人生道路感到迷茫，不知道自己每天学习是为了什么？有的男孩以为学习是为了父母，有的男孩以为学习是为了成绩，其实都不是的。我们学习是为了自己的未来，今天的付出是为了在将来某天实现理想和收获成功。学习不是唯一的出路，却可以给你插上一双腾飞的翅膀。

我为什么要学习

男孩青春小档案

姓名：顾语

年龄：13

爱好：书法、绘画

烦恼：学习一点动力没有，总提不起兴趣。

◆ 我的学习动力在哪儿呀？

顾语刚上初二，妈妈发现他的学习成绩下降了很多，最近他学习起来没有之前那么开心。妈妈悄悄观察过几次，看到顾语每次一写作业就哈欠连天，看起来一点动力都没有。其实，顾语小时候学习可好了，成绩时常在前三名，每次拿到奖状他都会高兴地跳起来。

"小语，你告诉妈妈，你是不是遇到了什么事情呀？"妈妈想要跟顾语沟通一下。

顾语看了一眼妈妈，皱着眉头说："不就是我成绩下降了，你想找我谈话吗？班主任早谈过了，你就省省心吧。"

妈妈被顾语这么一顶撞，心里着急起来，说道："你这是怎么跟妈妈说话呢？"

顾语根本没有正眼看妈妈，继续说："你这一天天老盯着我的学习，我学习不好就不是你儿子了吗？"

顾语没等妈妈回答，甩门回到了自己房间。他其实也想学习，但每次一翻开书就会哈欠连天，根本学不进去。他也想努力将自己的兴趣转移到学习上，但他怎么努力也转移不过去。

这天，顾语正在玩游戏，妈妈悄悄地说："小语，你要不要写作业呀？"

"写，马上去写！"顾语不想听妈妈唠叨，自己嘟嘟囔囔地回到房间，拿起笔来写作业。妈妈坐在他旁边看书，突然，顾语问："妈妈，你说我为什么学习呀？"

"啊？"妈妈被问得一愣，一时回答不上来。

"妈妈，我不想学习了，学习好累，而且一点用都没有。"

妈妈说："学习怎么没用？你不考大学啦？你不想找到好工作吗？妈妈还指望你将来赚钱养家呢！"

顾语说："妈妈，你想吧，我不考大学，也能找到工作吧？这学习跟工作没有什么直接关系的。"

妈妈又被顾语说得无话可说了。

自从这次对话后，顾语越来越放肆。他甚至开始逃课了，还跟校外的小青年一起去酒吧，被人带到了派出所里。

妈妈为此苦恼极了，看着儿子一天天堕落，她不知道该怎么帮助他。

专家帮帮忙

"孩子没有学习动力"，这是一件很好理解的事。人之所以会产生动力，正如马斯洛在需求层次理论中描述的那样，就是为了满足自己的需求。然而大部分孩子随着年龄的增长、知识的增长，他们都不会觉得学习是一件快乐的事情，不快乐自然也就引发不了动力。的确，学习是一件很辛苦的事，尤其是想要取得好的成绩，我们就必须忍受学习历程中的辛苦，克服遇到的困难。学习的快乐是通过学习取得成就之后的欣喜，以及努力和付出得到肯定后的满足。

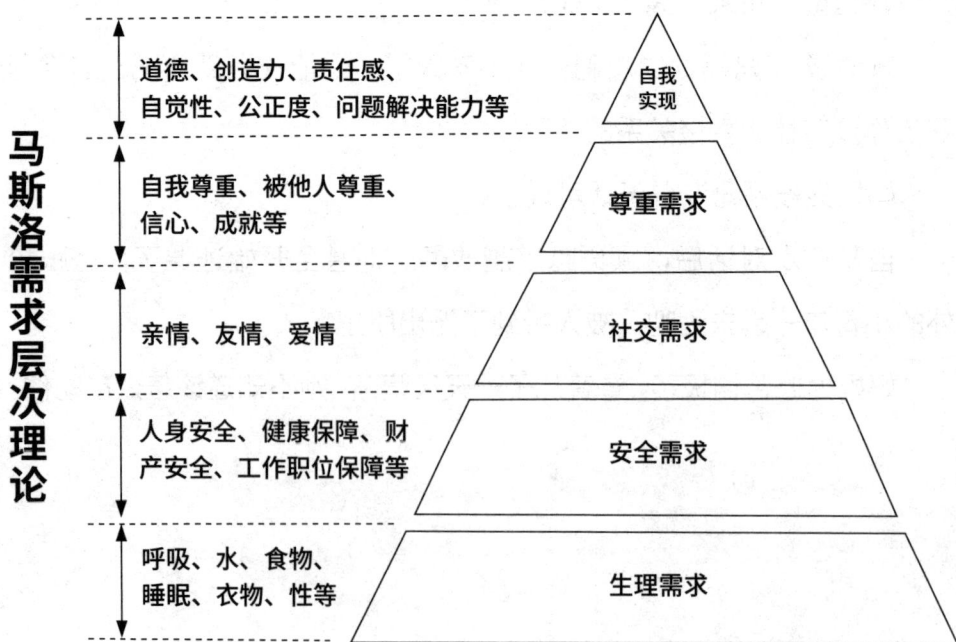

马斯洛需求层次理论

道德、创造力、责任感、自觉性、公正度、问题解决能力等　自我实现

自我尊重、被他人尊重、信心、成就等　尊重需求

亲情、友情、爱情　社交需求

人身安全、健康保障、财产安全、工作职位保障等　安全需求

呼吸、水、食物、睡眠、衣物、性等　生理需求

大部分孩子失去学习动力的原因是他们没有从学习中得到满足和快乐，学习对他们而言，变成了一件过程无聊而艰辛、结果不尽如人意的事情。久而久之，他们便陷入一种恶性循环——因为讨厌学习而无法取得好成绩，又因为无法取得好成绩而更厌倦学习。

无论是学习还是其他事情，想要找到动力，必须要制订切实可行的计划。贪图玩乐，追求享受，几乎可以说是人的天性。那为什么有些人可以抵挡住呢？他们之所以愿意放弃眼前的享乐，拒绝当下的诱惑，那是因为更加吸引他们的目标在前方，为了实现这个目标，他们甘愿选择艰辛和崎岖。

📖 延伸知识

如何提高学习兴趣？

只有提高学习兴趣才能有学习的动力。那么如何让自己将兴趣转移到学习上来呢？首先要明确的是，如果主观地想培养兴趣，就要适当远离、戒掉那些干扰你学习的东西。之后我们便可以从生理出发，改变心理。

研究发现，兴趣来自我们大脑释放的一种化学物质——多巴胺。多巴胺可以激发我们做事的热情，我们之所以感受到快乐，是因为它

的分泌。人的天性是趋利避害的，人往往会让自己选择快乐的事情，而去避开那些令自己不快和痛苦的事情。

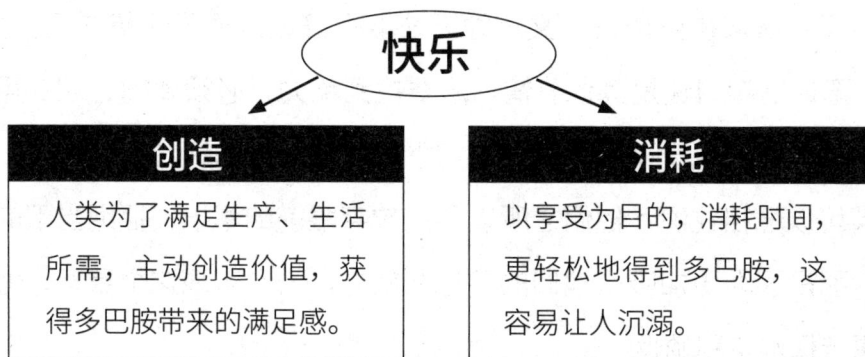

快乐

创造	消耗
人类为了满足生产、生活所需，主动创造价值，获得多巴胺带来的满足感。	以享受为目的，消耗时间，更轻松地得到多巴胺，这容易让人沉溺。

现在人们最喜欢的是享受消耗的快乐，当他们吃美味、刷视频时，他们的快乐感会很强，而这些快乐是以消耗时间为代价的。通过无谓的消耗得到多巴胺，相比创造来讲会更加轻松，所以很多人便会沉浸在其中不能自拔。要想改变现状，对学习提起兴趣，就要以创造模式来获得多巴胺。

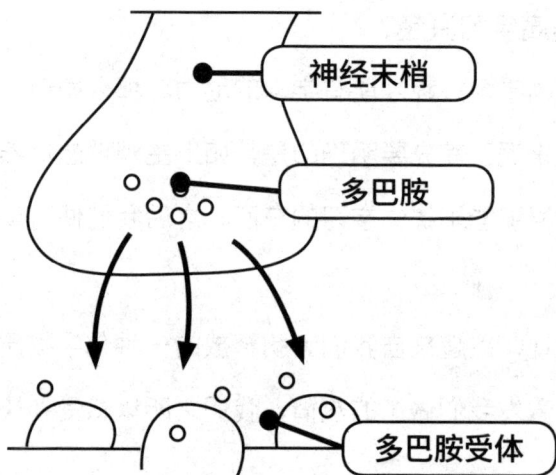

神经末梢

多巴胺

多巴胺受体

　　我们要做的第一件事就是改变从无谓的消耗中获得多巴胺的模式，少玩游戏，少刷手机，少看电视，增加从创造中获得多巴胺的活动。也就是说，当得到充分的肯定、赞赏，获得了极强的成就感，在创造模式下获得的多巴胺越多，越持久，便越容易摆脱消耗模式，自然学习的兴趣也会越来越大。

老爸告诉你

　　孩子，曾经有一次，老爸要跑 800 米，跑到一半因为嘴巴干、身体累，就不想坚持了，但是回头看看自己已经跑了那么远，觉得如果那时放弃很可惜，于是又加快脚步坚持了下来。结果冲到终点线的那一刻，我忽然觉得身体很轻松，浑身都是力量。学习也是如此，你现在觉得很累，没有动力，那么抬头看看远方的目标，只要你咬紧牙关，扛住现在的"累"，就一定会冲破重重障碍，得到未来的"喜"。

这个老师有点"烦"

◆ 我讨厌这个老师，就是不想上她的课。

一下数学课，吴语凡就捂着肚子找班主任请假，说："老师，我肚子疼，我想回家。"班主任皱着眉头，给语凡妈妈打电话。

可是，在妈妈把吴语凡接回家后，他并没有说自己肚子疼，先是吃了一盘水果，然后就回房间看书去了。妈妈见他没有什么异常，也就没有多问。

其实，语凡哪里是肚子疼呀，他是不喜欢上语文老师的课，更不喜欢看到语文老师这个人。

语凡跟同学说："我真的很烦那个大婶，天天唠里唠叨，总是让我们背这背那，烦死啦！"同学们也附和着："我们也不喜欢语文老师，她太唠叨啦！"

"你们等着啊，"语凡给大家说，"你们等着，我给她考个不及格，气死她！"

　　语凡的确是说到做到，语文月考考了十几分，而这十几分还是作文分，前面的题目他一道都没有写。

　　语文老师把他叫到办公室，问："你前面的题为什么不做呀？"

　　语凡回答："我不会。"

　　"一道也不会？"语文老师依然笑着问。

　　语凡看了一眼语文老师的笑脸，心里更烦躁了，说："对，一道也不会，你能把我怎么着？"

　　语文老师没有说话，把试卷还给语凡，说："那你今天晚上回家去把这些空的题做出来吧，不会的查一下课本。"

　　语凡一把拉过卷子，转头就走了。

　　回到教室，他拿着十几分的卷子，像胜利的旗帜一样挥舞着，说："你们看看，我说把那个大婶气死吧？她刚刚看到我的卷子脸都绿了，太好笑了！"

　　晚上回到家，妈妈看到了语凡的卷子也觉得很奇怪，而语凡只是推说自己不会，然后一个人很乖地补写卷子。妈妈也不好多说什么，只是简单说了几句"以后要努力""学习要用心"之类的话，便去忙家务了。

　　语凡天天跟语文老师较劲儿，老师让读课文，他就发出怪声怪调，逗得全班同学哈哈大笑；老师留作业，他就只写作文，前面的基础题一空都不写。他现在最大的乐趣就是"气"语文老师，听到语文老师讲课，他就觉得烦，看到语文老师生气，他就觉得高兴。

　　期末语文考试，语凡照例只写了作文。学校给年级前一百名发奖，

自然没有语凡的份儿，最遗憾的是如果去掉语文学科算成绩的话，别说前一百名，就是前十名他也能进。

看着名次，语凡又气又悔，他本以为是给语文老师的教训，可最终怎么惩罚的是自己呢？他又把这个错误怪在了语文老师的头上，当天晚上心情一直很郁闷。

专家帮帮忙

青春期孩子正处于叛逆期，对一切自我感觉不好的人或事都会很在意，甚至记仇。此时与他们接触较多的是老师，一些以学习为乐的孩子表现并不明显，而一些对学习存在抵触心理的孩子就有可能把对学习的抵触心理转移到老师身上。还有一种情况，来自孩子的主观原因，一些孩子通常爱推责任，所以他们为了使自己对学习的抵触变得合情合理，便会找各种各样的理由，而此时老师便成了最大的理由。

《学记》中有这样一句话："亲其师，信其道；尊其师，奉其教；敬其师，效其行。"老师不会陪伴你一生，你从老师那里学到的知识却可以伴随你一生。你不能为了怼一个不会陪伴你一生的人放弃获得知识的机会，那是"损人不利己"的。如果觉得这位老师碰触了你的"逆鳞"，你可以与家长、朋友等去交流，但不能用别人的"错误"来惩罚自己。

延伸知识

中学生面对老师的讨厌行为，该如何化解？

当我们长大离开学校时，我们可能会发现，老师的一些行为，出发点是想让学生取得更好的成绩。虽然他们的一些方法、过程令你不能接受，但他们的初衷都是好的，他们最盼望的就是自己的学生能够成绩优异、早日成才。

自然，教师的情况是参差不齐的，的确存在一些不受学生欢迎的老师，这不是我们凭借一己之力就可以解决的。所以当遇到令你不满的老师时，不要带着情绪去反抗，这是不能解决问题的。我们可以通过与班主任及家长理性地沟通来化解自己的情绪，不能让坏情绪主宰自己。

老爸告诉你

孩子，老师是给你传授知识，伴你成长的人，你应该去尊敬他们。当然，老师也是凡人，会有让你不喜欢的地方，但是，你不能以"牺牲"自己的方式去达到"报复"老师的目的，那样最终承担后果的是你自己。孩子，你要知道，真诚的人才会指出你身上的缺点，"良药苦口"虽然难以下咽，但它真的可以治病，而那些一味吹捧，事事随你心的人，不一定会对你有帮助，能明白地指出你存在的问题的人一定可以帮你更好地走向未来。

你笨吗？不，你是懒！

案例导读

男孩青春小档案

姓名：赵军

年龄：13

爱好：跳舞

烦恼：我觉得自己很笨，什么都学不会。

◆ 我的成绩上不去是因为我笨吗？

赵军已经升入初二了，他的学习成绩还是平平，看着以前跟自己成绩差不多的很多同学都超过了自己，他心里越来越着急。可着急有什么用，急也不能帮你把成绩提上去。

其实，平时赵军在学习上的确很用心，作业也认真完成。但是有一点，抄写类作业，抄多少他都不觉得累，但只要涉及动脑筋的题目，他就懒得去想，特别是一些考察思维能力的题，他一点也不乐意写。

这天，物理老师留了一张试卷，赵军看了看题，就把卷子扔到了一边，开始写语文抄写生字的作业。等所有作业都写完了，他又拿起卷子看了一眼，自言自语地说："这么多题，算了，不做了，明天老师说了再写吧。"

妈妈检查作业，发现了这张物理卷子，说："你为什么不写呀？"

"我不会。"赵军说。

"一道题也不会？"妈妈问。

赵军低头说："也不是，有些题我是会的，我一会儿写上。"

妈妈问："你上课没听讲吗？怎么会一大张卷子那么多题都不会呢？我要不要找你的物理老师谈一谈，看看怎么辅导你？"

赵军摇摇头说："妈妈，我真的不会，你也不要着急，我可能就是笨吧，讲课我能听懂，可看到这些题我就觉得头痛。"

妈妈无奈地说："好吧，你捡着会的题做了吧，以后好好听讲。"

妈妈走后，赵军看了看卷子，还是一道题都没有写，就直接塞到了书包里。

第二天早上，赵军早早来到学校，按住朋友的卷子就开始抄，没几分钟就抄完了，他还自嘲地说："看吧，几分钟的事，非要我愁一晚上！"

每当有人问起赵军的学习，他总是说自己笨，妈妈也已经认同了他的说法，儿子笨没有办法，所以也不再强迫他学习了。

专家帮帮忙

青春期孩子的叛逆实际上是孩子与家长之间的权力争夺战。随着孩子身心成长，其自我意识逐渐增强，对学习生活中的事情逐步有了独立的认知和看法，此时，当被强制做什么时他们就必然会反感、反抗，形成青春期叛逆现象。

很多孩子在这个时期的叛逆表现为反感、反抗，其实这些都是比

较常见的叛逆方式，最强烈的叛逆方式是"懒惰"。他们最常用的句子是"我不会做""我做不好""我不行"等，但他们是真的不会吗？当然不是，懒惰是不求上进的最好借口。

青春期孩子的自控能力比较差、意志力也正处于薄弱阶段，因此在学习方面，很容易就会成为惰性的"俘虏"，从身体呈现惰性到思想懒惰。身体变懒惰会使孩子慢慢忘记学习的目标、失去学习的动力；思想的懒惰会使孩子找不到学习的规律，丧失创造力。所以，在懒惰的影响下，学习兴趣和学习成绩会逐渐下降，造成严重后果。

📖 **延伸知识**

"分级火箭"法完成目标

"不积小流，无以成江海；不积跬步，无以至千里。"这便是"分级火箭"完成目标，长远的目标很远大，在实现的过程中，难免会有"瓶颈"期，但如果把大目标分解成若干个具体的小目标，然后不断地去实现小目标，那么最终的大目标就可以实现。

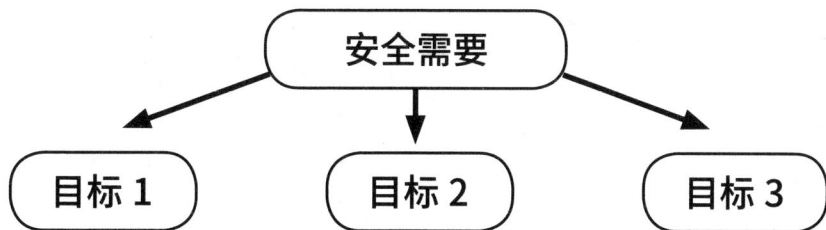

```
                    安全需要
        ↓              ↓              ↓
      目标 1         目标 2         目标 3
```

换句话说，无论做任何事情，取得成功的前提就是坚持不懈，在学习方面更是如此。想要取得好成绩，就必须坚持不懈地付出努力，忍受单调而艰苦的学习过程。人都有趋利避害的本性，当一个人甘愿忍受痛苦投身于某件艰难的事情时，说明这件事情必定能够给这个人带来具有足够吸引力的好处。换言之，当你眼前有两个选择，一个是开开心心地放松玩耍，另一个是刻苦努力地读书、做练习，你很容易被前者吸引。

因此，促使学生选择后者的原因绝对不可能是刻苦努力的学习过程，而是通过刻苦努力地学习获得的成就感。而大的目标是不容易获得成就感的，所以可以采用"分级火箭"法，通过一级一级小目标的实现来获取成就感。

把目标定得近一些，分级小目标，一步步向前冲，每一级获得的成就感就会成为你继续学习和前进的动力。不断坚持，不断努力，实现一个个小目标，最终它们会成就你的大目标。

老爸告诉你

孩子，在你说出"我不会"之后就放弃的那一刹那，爸爸是很心痛的，一个积极上进的人遇到"不会"时第一反应是去学、去想办法解决，而不是放弃。放弃很容易，懒惰也很容易成瘾，爸爸希望你成为一个阳光、积极且上进的人，这样才能有力量去面对未来的风风雨雨。如果你觉得要达到前方的目标很难，我们可以把大目标切成小目标，一点点去实现；如果觉得这条路很难，那可以换一条路线，条条大路通罗马。

别总叫我"书呆子"

男孩青春小档案

姓名：张晨

年龄：13

爱好：编程、练书法

烦恼：我在用心学习，但大家都笑我是书呆子。

◆ 为什么大家笑我是书呆子？

张晨是个非常乖巧的孩子，从小就没让大人操过什么心，尤其是学习方面。从上小学一年级开始他就是年级标兵，还担任了中队长的职务。他尤其喜欢电脑，妈妈鼓励他学习了编程，他获得了大大小小一堆证书。他还喜欢书法，在假期里，除了完成学校规定的作业，他还坚持每天练书法。

自从上了初二年级，妈妈发现张晨突然变得不爱学习了，甚至有好几次都没交作业，虽然爸爸和妈妈轮番上阵，从"怀柔政策"到"男女双打"，什么方法都使上了也不顶用。甚至还联系了家庭教育指导师，但就是不太管用。

真的很难想象，这个年年被评为"三好学生"的孩子竟然现在变成让家长和老师头疼的"问题学生"。妈妈特意买了张晨喜欢的书法字帖，但令人惊讶的是，他不但不高兴，反而还很不耐烦地说："我最

讨厌看这些字了，还不如去打篮球呢，我又不是'书呆子'！"

妈妈愣了一下，再看他这反常的样子，就知道这里面一定有什么事情，经过多方面引导，一个周末的晚上，张晨终于告诉了妈妈事情的原委。

"我们班的体育委员齐恒您应该认识吧？我们从小关系就很好，我以为我们是铁哥们儿，别人拆都拆不散。但是，自从上初二后，他们就闹翻了。"

"他最喜欢打篮球了，也因为篮球他结识了一些新朋友。从上初二后我就发现他越来越瞧不起我了，处处和我过不去，还和他那帮新朋友成天嘲笑我是个'书呆子'，说我整天只会看书、学习，连跟老师叫板都不敢，胆小得跟个小姑娘似的。"

说着，张晨眼睛里充满了泪水。最开始的时候，张晨也没有特别在意齐恒的说法，而在一个星期前，他无意中听到班上最漂亮的女同学杨晓莉和别人说，她喜欢像齐恒那种酷酷的又有点坏坏的男生，不太喜欢像张晨这样的"书呆子"，张晨这才大受打击。于是，他就一反常态，赌着一口气，把自己变成了个"问题学生"，发誓要摆脱"书呆子"这个称号。

妈妈听完后，觉得哭笑不得，而张晨现在已经激动得脸憋得通红。妈妈想了想，问他说："你也认为，男孩子喜欢学习是件很不酷的事情吗？"

张晨想了想，老实回答说："我也不知道，反正'书呆子'肯定是不酷也不帅的。连杨晓莉也这么觉得。"

妈妈又接着问道："张晨，你不是特别喜欢编程吗？你觉得那些程序员、黑客酷不酷？帅不帅？"

"当然是又酷又帅啦！他们那么厉害，头脑又聪明，我的一个梦想就是编自己的程序！"

"那你觉得为什么他们能这么厉害呢？"

"嗯……"张晨想了很久才说道，"他们上了大学，而且知道很多东西，懂很多知识，所以才比别人厉害，别人看不到的，想不到的，他们都能发现。"

"那你认为他们为什么能上大学，知道这么多的知识呢？"

"可能学习好吧……然后也喜欢钻研……"

妈妈点点头，说："那你为什么还会觉得自己是个'书呆子'呢？不读书，不学习怎么能实现梦想呢？"

张晨沉默了，他觉得妈妈说得有道理，但他不喜欢别人叫自己"书呆子"。

专家帮帮忙

进入青春期后，男孩体内的雄性激素分泌旺盛，他们会变得情绪起伏不定，进而出现一些叛逆行为。他们会更在意别人的看法，特别是异性的看法。此时的男孩会出现生理与心理发展失衡，他们会觉得学习应该是件重要的事情，但又发现异性更喜欢"痞帅"的男生，此

时他们便会将问题归咎在自己身上，采取过激的行为。

　　此时，应该先稳定情绪，然后从根本上分析问题，并进行修正。如：可以选择增加体育活动，与朋友多互动，将学习与活动的时间分配好。

📖 延伸知识

为什么女生喜欢"痞帅"的男生？

中国有句俗话："男人不坏，女人不爱。"对于女生来讲，一本正经的男生她们反而不喜欢，而那种"痞帅"的男生则非常容易吸引女生，特别是青春期的女生，更是对这样的男生情有独钟。

"痞帅"的男生魅力十足	"痞帅"的男生懂得浪漫
"痞帅"的男生通常具有两面性：一面是酷酷的，什么都不在乎；另一面是非常正经的，给人一种冲击感。	懂得浪漫的男生，生活更有仪式感，而中学时那些"痞帅"的男生，闲暇时间较多，会更专注于浪漫。
"痞帅"的男生给女生安全感	**"痞帅"的男生会调节气氛**
"痞帅"的男生比较有想法，青春期女生容易对他们盲目产生崇拜，会觉得这种男生更成熟，更让人有安全感。	沉浸在学习中的男生，会给女生比较枯燥的感觉；但"痞帅"的男生就不同，他们通常比较幽默，会调节气氛。

老爸告诉你

孩子，不是爱学习、爱读书的人就是"书呆子"，在球场上奔跑的男孩很帅气，头脑聪明，懂得很多知识的男孩同样也很酷。你想想，你被评为"年级标兵"，代表班级学生发言的时候，你觉得自己不帅吗？你每次编程获得奖励站上领奖台时，你觉得自己不酷吗？你做出其他人都不会解答的难题，你知道别人都不懂的知识，你自己不觉得很骄傲吗？

孩子，人生很长，中学是你走进优秀大学的重要加油站，你现在是在努力起飞，可千万不要因为自己的一时之气而失掉上升到更好平台的机会呀！

第十章

男孩不可不知的"青春安全白皮书"

青春期的男孩要学会正确地爱护自己，增强分辨是非的能力，在助人为乐的同时，要有保护自己的能力。

吸烟喝酒？那可一点儿都不帅

男孩青春小档案

姓名：张帅

年龄：13

爱好：练书法、玩滑板

烦恼：我以为吸烟喝酒很帅，可为什么大家都反对？

◆ 难道我抽烟的样子不帅吗？

张帅自从上了初中二年级后，变得越来越爱打扮了，他每天起床后会自己选衣服，还会在镜子面前打扮好久，然后才会背起书包去上学。张帅从小就喜欢玩滑板，他的花样滑板曾经在本市比赛中获过奖。以前无论去哪里，他都将滑板背在身后，有机会就会滑一滑。但是最近妈妈发现，张帅不怎么玩滑板了，而且衣服上竟然还有些烟草的味道。

"你身上为什么会有烟味儿？"妈妈问。

"我……我不知道呀。"张帅回避的眼神让妈妈更加怀疑，妈妈于是悄悄地与张帅的老师和同学联系，这才发现原来张帅现在有时会悄悄吸烟。

一般放学后，张帅总与几个好朋友相约，在学校旁边的小胡同里吸上一根烟，几个人还学着吐烟圈，张帅还将大家吸烟的姿势用手机拍下来，发在他们的小群里，大家一起讨论谁的样子更帅。

这天，张帅与朋友一起来到小胡同，他们刚拿出烟，张帅妈妈就来了，她说："你们这些小孩子，怎么能在这里学抽烟呢？"

张帅碍于面子，跟妈妈顶嘴说："妈妈，你回家去，我们就是抽烟，什么也没干！"

"你们还小，正在发育期，烟草对人体是有害的呀！"妈妈回答。

张帅不想在好哥们儿面前与妈妈争论什么，于是给朋友递了个眼色，对妈妈说："好好，妈妈，我们不抽了。走，咱回家。"

路上妈妈给张帅讲了一堆道理，张帅装出一副虚心听进去的模样。但是，转天，张帅又跑到宿舍抽烟去了。

"张帅呀，"宿管老师说，"你是怎么答应你妈妈的，为什么又在抽烟呢？"

张帅笑嘻嘻地说："好的，老师，下次我不会了。"

结果，转过天来他又跑到操场的器材室去抽烟，还继续在他们的小群里发着抽烟的自拍照。

这次，他真的把妈妈气到了，妈妈干脆让他停了课，在家里反思。张帅委屈地说："我现在已经是个大人了，抽烟有什么错，我又没有在公共场合抽，我很注意安全，没有引起火灾。"

妈妈说："抽烟对身体是有伤害的。"

"但是大家都觉得我抽烟的姿势很帅，喜欢我身上的烟草味儿。"张帅大声说，然后拿出手机里他们小群的聊天记录来证明自己。

果然，群里他的每一张自拍照都会得到朋友的"赞"，他的每一张自拍照看上去都显然很自信。但是，他只是一个初中生啊，怎么就

开始抽烟呢？妈妈对此很不理解。

　　张帅感觉到了妈妈坚决反对的态度，再看看手机中自己帅气的样子，更不理解了。他不知道为什么大家都在做的事情，却遭到了妈妈和老师的强烈反对，难道这就是代沟吗？

专家帮帮忙

　　青春期的男孩之所以模仿成人男子抽烟、喝酒等，原因有以下几种：

　　第一，好奇心理。当青少年看到成人吞云吐雾时，他们会觉得抽烟是件很神奇的事情，因为青春期孩子对未知事物都充满着探求欲，他们想亲自去体验那种感觉。

　　第二，随着身心逐渐发育成熟，他们对成人世界渴望，看到许多长辈吸烟饮酒，便开始模仿起来，以此彰显自己已经长大。

　　第三，还有些青少年本身对吸烟喝酒不感兴趣，但是因为身边朋友的影响，在"大家都在做，我也要跟着做"的从众心理驱使下，他们以为不从众是不讲"义气"，"有失身份"，自然就跟着一起抽烟喝酒。

　　第四，青春期孩子有着极强的逆反心理，他们对一切"反对"都会产生试一试、挑战一下的心态。如果此时他们因为学业不顺、生活不顺等产生的坏情绪在抽烟喝酒后暂时得到了舒缓，他们便更会对此形成依赖。

📖 **延伸知识**

如何帮助青春期的男孩快速戒烟？

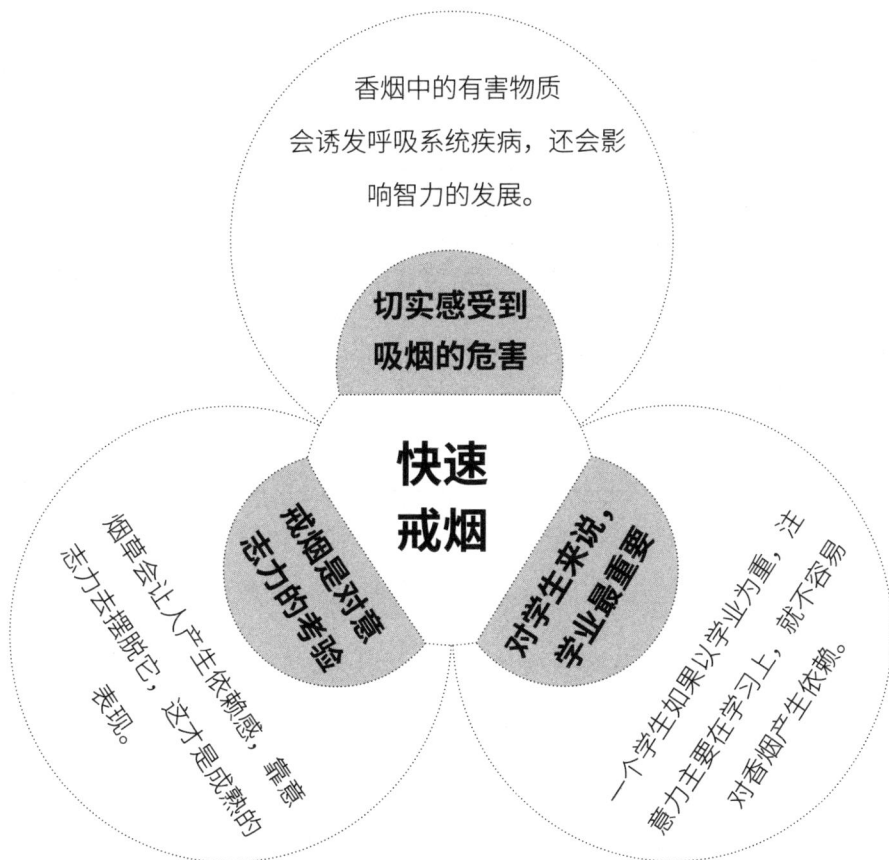

香烟中的有害物质
会诱发呼吸系统疾病，还会影
响智力的发展。

**切实感受到
吸烟的危害**

**快速
戒烟**

**戒烟是对意
志力的考验**

**对学生来说，
学业最重要**

烟草会让人产生依赖感，靠意
志力去摆脱它，这才是成熟的
表现。

一个学生如果以学业为重，注
意力主要在学习上，就不容易
对香烟产生依赖。

老爸告诉你

孩子，你以为抽烟喝酒是很帅的，但是你不知道很多人抽烟喝酒并非出自本身的意愿。谁都知道吸烟有害健康，但为了社交又不得不吸烟；谁都知道酒喝多了身体难受，但为了社交不得不去喝。爸爸当年也觉得吸烟很帅，就吸上了烟，但爸爸之所以后来戒了烟，是因为烟草中含有几百种有害物质。尤其你的各个器官尚未发育成熟，吸收那些有害物质，更容易受到伤害。为了你和妈妈的健康，也是为了爸爸自己的健康，我选择戒烟，我希望我们一家人能快快乐乐、健健康康地生活在一起。相信你一定能戒掉烟的！

欺凌弱小，那是最"Low"的事儿

◆ 来，交点儿份子钱。

随振宇从小学三年级开始学跆拳道，现在段位了得，而且因为遗传，他的个头儿比一般同龄的孩子高出一截儿，身体也很强壮，在学校里一般的孩子都打不过他。

他从小就调皮捣蛋，他常常说："世界上没有三拳两脚解决不了的事儿。"所以无论遇到什么事儿，他总是两三句话不到就动手。升入初中后，他更是打架斗殴不断，对很多事情他的解决方式就是拳脚相加。

这天，随振宇与两个朋友在操场上跑步，突然一个篮球从头上飞了过去，把他们吓了一跳。原来是初一年级的学生正在打篮球，一个同学不小心把球投出界了。本来谁都没有伤到，但随振宇觉得那是初一学生对他的挑衅，于是上前就抓住那个同学的领口。

"你们会不会打球？不会打就别在操场上浪费空间！"随振宇说。

那位同学被抓了领子，心里很不服气，于是挺起脖子说："我们不小心，我也说了对不起！"

"对不起就完了？"说完，一个拳头打到了对方的脸上，那同学的鼻血瞬间就流了下来，两人扭打在了一起。

这一拳下去，周围围起了很多人，最后经过老师的劝阻他俩才分开。

虽然通过这件事，随振宇受到了不少批评，但是这并没有改变他的思维方式，他甚至还变本加厉，在宿舍里收起了保护费。

随振宇与同宿舍的三个人组成了一个"正义小组"，专门保护低年级的同学，但前提是要每周交份子钱，成为小组保护对象后才会得到保护。他们几个人把低年级宿舍搜了一个遍，如果有哪个同学反抗，他们一定要先"教育"，自然，教育的方式就是把对方打一顿。

"你们这周的份子钱呢？"这天随振宇又去收钱。

初一年级的学生乖乖地把钱交上了去，随振宇又说："你们以后就老实听我的话，有人欺负你们就告诉我，我一定挨个收拾他们。当然，你们也别忘了交份子钱。如果不交钱，你们的下场也会很惨！"

他们不仅到宿舍收钱，还在放学路上设卡，只有交了通行费的人才可以放学回家。

常在河边走，哪有不湿鞋。随振宇他们被初一年级的学生举报了，学校为了惩治这种校园霸凌，让随振宇写检查，并在大会上向大家公开道歉。随振宇从老师那里听到这个决定时，笑笑说："小事儿！"他果然写了检查，道了歉，但是他当天夜里就把告状的那个初一学生给打了。

学校实在没有办法，只好家校联合对随振宇进行教育，但效果也并不好，甚至还发展到了校与校之间约架。

这次，随振宇带领着自己的"正义小组"和附近一所中学的另一个组织在学校外约架。最开始他们一对一，后来打成一团，不可开交。眼看着他们就要输了，随振宇打红了眼，顺手捡起地上的一根长木棒朝对方老大的头上打去，对方老大瞬间鲜血直流，晕倒在地。

随振宇放下棒子后，还得意地向对方通报了姓名，晚上他与朋友们喝酒庆祝。

第二天，随振宇还没有起床，警车已经来到了他家楼下，昨天被打晕的学生因为脑震荡一直昏迷不醒，他因故意伤人罪被警察带走了。

虽然后来被打晕的外校学生醒来了，随振宇父母主动道歉，赔偿，随振宇得到了谅解，他也回到了学校，但是，随振宇发现，他尽管还是那么"身手不凡"，可很多同学见他都躲着，身边的朋友也一个个远离他，他为此十分苦恼。

专家帮帮忙

青春期的有些男孩是很爱打架的，一言不合就动手是常见的行为，特别是一些学习成绩差的孩子一直生活在被人遗忘的角落，他们常常被父母遗忘，被老师遗忘，被同学遗忘。其实很多同学打架的目的是

为了引起别人注意，但他们不知道，越是以这样错误的方式引起别人注意，就越容易受到别人远离。

还有些人受到网络及影视剧的影响，以为打架是很"帅气"的行为，看起来很有男子气概。他们以为打赢了就会成为同龄的男孩甚至女孩的崇拜对象，他们很享受那份"荣誉感"，那样可以满足自己的虚荣心。而且，许多人利用打架进行校园霸凌，达到当上学校老大的目的。但是，他们并不知道，这种"荣誉"只能带来一时之快，随着大家心智发育成熟，大家就会形成正确的是非观，便会渐渐远离那些所谓的"英雄"。

朋友是靠真心结交的，友谊也是人与人相处过程中慢慢产生的，以打架得到的一切"荣誉"都会随风飘散。要想得到别人的尊重，不能靠打到别人"嘴服"，而是要靠真正的能力让别人"口服心服"。

📖 延伸知识

面对校园霸凌该怎么办？

在学校遭遇霸凌时，受害者很多时候都是因为害怕才被反复欺负，殊不知施暴者就是觉得你是一个软柿子，很好对付，才选择对你下手。施暴者总会欺负那些看上去比自己弱的人。你只要在当时保持沉着冷静，腰杆挺得笔直，传递出"我也不好惹"的信息，并在事后及时求助，他们就会重新考虑、评估眼前的对手。

面对校园霸凌该怎么办？

沉着冷静

想办法离开现场

吸引路人注意，请求帮助

无法逃避，就勇敢面对

必要时可以正当防卫

遭遇霸凌后要勇于举报

告诉家长、老师，甚至报警

调整自己的心情不让其影响学业

　　这里着重说明一下受害者的心理问题。很多时候，校园霸凌是一些青春期孩子为了获得成就感而做的一些极端的事情。所以当你遭遇霸凌时，先要想怎样摆脱实施霸凌的人，尽量避免受到伤害，然后再从心理上调节校园霸凌给自己带来的心理阴影。

老爸告诉你

　　孩子，爸爸在你这个年纪的时候也常常打架，因为在青春期遇到一些事情当嘴巴反驳不过时手往往就会出来跟着忙活。但是，你不可以仗着自己的身体优势去欺负比你弱小的同学，那并不是什么英雄表现；你也不可以遇到问题就用拳头解决，用拳头恰恰反映出你的智力跟不上。老爸希望你成为一位智者，而不是莽夫。在学校，任何一个同学都是平等的，我们不能利用自己的身体优势去欺负别人。当遇到别人欺负时，我们也不要懦弱。记住爸爸的话，我们不惹事，事来了我们也不要怕。

放学路上要提高警惕

男孩青春小档案

姓名：邸召诚（昵称小诚）

年龄：14

爱好：练书法、绘画

烦恼：被人利用却不知道怎么解决。

◆ 你带我去哪儿？

小诚上了中学，因为中学与他家在同一条街上，距离也就两站路左右，所以他平时上学不是自己骑车，就是坐公交车，已经不用爸爸妈妈再接送了。

这天，放学后小诚坐公交车回家，一上车他就遇到了比他高一个年级的小林，他们两家距离很近，但平时他俩不在一起玩，也不怎么说话。

"小诚，你也坐公交车上学呀？我怎么平时没有遇到过你？"小林主动蹭到了小诚旁边问。

小诚笑了笑，回答说："我有时候骑自行车，现在天气冷了，就坐公交车了。"

"哦，这样呀！"小林笑笑，"听说你爸在外企上班，是吗？"

小诚点点头，并得意地说："是呀，他现在已经是大区主管了。"

"是吗？好厉害呀！"小林称赞着，上下打量小诚。很快小诚到家了，他与小林说了再见后就高高兴兴地下车回家了。

从那天开始，小诚放学几乎天天遇到小林，小诚觉得奇怪，两个年级明明放学时间相差十几分钟，但怎么每次都刚好遇到。小林说："我每天都要上网课，所以老师允许我提前出来。"

渐渐地，两个人成了好朋友。一天小林一脸为难地说："小诚呀，我把爸妈给我的零花钱弄丢了，你能借我点不？"

小诚笑着说："这有什么，可以呀。你借多少？"

"一百吧。"小林说。

"哎，就一百，你拿去用吧。"说完小诚从口袋中拿出钱来给了小诚。

这天，小诚放学后仍习惯地在站牌下等小林，但是小林没有出现。小诚以为他有什么事，等到学校已经没有人再出来了，他只好自己上了公交车。

结果，他刚下车，就被几个年轻人拦住，一个人拿着刀子抵着他的腰说："你跟我们来一下。"

小诚被吓得愣愣的，只好跟着他们走，小诚被带到一个小胡同里，而小林正在那里等着。

"小林！"小诚大叫，"你快点救我！"

几个年轻人哈哈大笑，说："林哥，他让你救他！"

小林笑笑说："都是兄弟，你看你们把他吓着啦！"然后走到小诚身边说，"小诚，他们都是我的好朋友，你以后也即将是我们的人啦！现在，你只需要回家带一千块钱出来，就可以加入我们。"

小诚看了看周围几个人大约都是中学生的模样，说："好吧！"

小诚觉得一千块钱并不多，而且加入小林他们以后自己在学校也能挺起腰板，不怕再有同学欺负了，这算是一个不错的选择。

但是，小诚没想到，从那以后，小林他们要么一千，要么八百，一缺钱就跟小诚要。他们还威胁小诚说："你最好老实按我们说的办，如果你告老师、告家长，那你逃脱不了惩罚，因为我们是一个组织的人。"

小诚就这么默默地承受着小林的胁迫，心理压力越来越大，甚至在课堂上都感到恍惚，他不敢给别人说，自己又不知道该怎么办。

专家帮帮忙

校园暴力不只是限于在校园之内，有时也会发生在校园外。面对这种情况时，不要过于惊慌，切记要保持镇静，冷静对待。也不要忍气吞声，心存某些幻想，不少中小学生被抢劫、欺负、威胁后往往忍气吞声，不敢告诉老师和家长，更不敢报案。这样，不法分子一旦尝到了甜头往往会紧追不放，你越怕他，他就越欺负你。正确的做法是：如果遇到不法人员抢劫、欺负和威胁后，应及时通知老师和家长，大家采取合适的措施，阻止对方继续实施不良行为。

如果放学路上遇到某些危害社会的歹徒，通常情况你先不要跑，因为歹徒的目的一般都是为了钱财。你可以跟歹徒巧妙周旋，寻找机会求救。必要的时候可以将随身携带的少量钱财、物品交给歹徒，并

记下歹徒的相貌、衣着、身高、口音和逃离方向、交通工具等，及时报告附近的公安巡逻人员或到附近的派出所报案，以协助公安机关追捕歹徒，破获案件。

📖 延伸知识

校园暴力行为人应该负哪些责任？

一、刑事责任

虽然现在中学生还是未成年人，但我国刑法规定，已经满十四周岁未满十六周岁的人，如果犯故意杀人、故意伤害致人重伤或者死亡、强奸、抢劫、贩卖毒品、放火、爆炸、投毒罪的，应当负刑事责任。虽然校园暴力的很多施暴者还未到刑法量刑的年纪，但刑事诉讼法采取国家追诉的原则，由检察官代表国家，向法院提起公诉。

同学之间挑衅生事、辱骂、互殴、群殴等可能引发的犯罪包括：聚众斗殴罪、寻衅滋事罪、过失致人死亡罪、过失致人重伤罪、故意伤害罪、非法拘禁罪、侮辱罪，以及组织、领导、参加黑社会性质组织罪等。

向同学以保护、借钱为名进行勒索的行为可能引发的犯罪包括：抢劫罪、盗窃罪、抢夺罪、敲诈勒索罪、绑架罪。

二、民事责任

校园暴力的施暴者除了应该负有相应的刑事责任外，还要负附带的民事责任。民事责任旨在保护受害人的身体、财产不受不法侵害。因故意或过失侵害他人的人身权和财产权的，依法负损害赔偿责任。

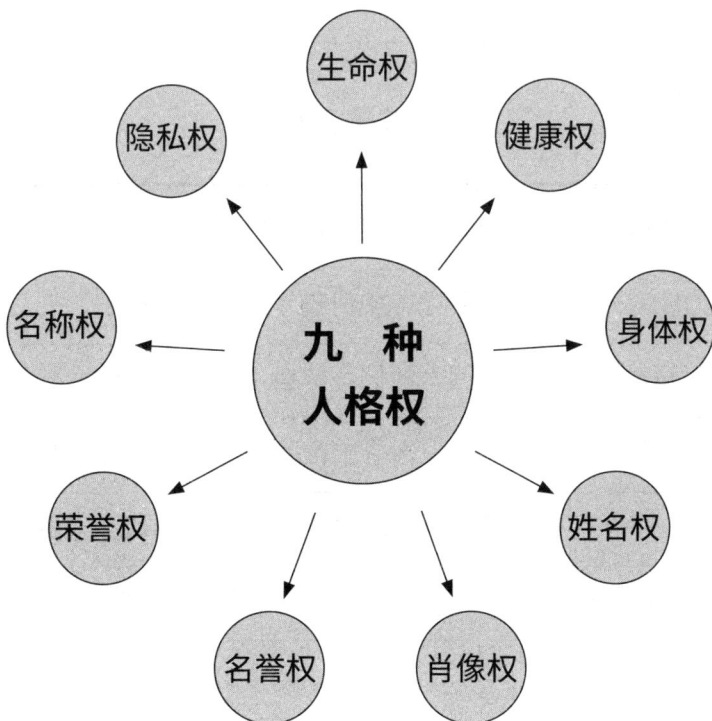

生命权

隐私权

健康权

名称权

九 种
人格权

身体权

荣誉权

姓名权

名誉权

肖像权

当然，如果施暴者的行为致使受害人死亡，受害者的家属可以提出精神损害抚慰金的赔偿。

精神损害抚慰金包括：致人死亡的，为死亡赔偿金；致人残疾的，为残疾赔偿金；因过失或故意不法侵害他人身体，致被害人残疾的，应当赔偿被害人医疗费、伤残生活补助费；致被害人死亡的，应当支付丧葬费。

老爸告诉你

如果你有能力应对的时候，你要先保护自己再去保护别人；如果你没能力应对的时候，你要懂得如何去寻求帮助。孩子，生活中要警惕那些表面对你好的人，因为他们可能会带着某些目的。孩子，如果你觉得受了委屈，受了伤害，你寻求帮助的第一对象应该是父母。你是我们的儿子，哪怕你犯了大错，你依然是我们的儿子。更何况你是被欺负了呢？老爸相信你以后会吃一堑长一智，懂得如何保护自己。

保护别人之前，先保护好自己

男孩青春小档案

姓名：刘晨阳

年龄：13

爱好：武术、唱歌

烦恼：我想保护妈妈，却让妈妈受了伤。

◆ 妈妈，我来保护你。

在刘晨阳爸爸生活的那个年代，很多男孩都有一个武侠梦，所以爸爸在晨阳 7 岁时就送他去学了武术。自小学习武术的晨阳，在爸爸的熏陶下一直有一个英雄梦。

这天，天气不错，晨阳的妈妈正在家里做家务，打扫儿子的房间。突然，学校的一通电话打破了这个下午的平静。

"晨阳妈妈，你快来吧，你看看你儿子都干了什么？！"电话那头传来了班主任焦急的声音。

晨阳妈妈吓了一跳，赶紧说："好的，好的，老师，我马上过去。"

原来，刘晨阳在学校与同学打架，把对方打伤了。老师说刘晨阳的行为属于校园霸凌，让他回家休学，好好反省。

刘晨阳上了妈妈的车，一直吓得不敢说话，他从后视镜中看到了妈妈皱起的双眉，而那握着方向盘的手还有些发抖。

回家以后，妈妈眉头紧锁地坐着，刘晨阳手足无措地站在妈妈的对面。

"我就想不通了，你为什么要打架啊？你都多大了，该不该打架还要我教你吗？"妈妈终于忍不住了，大声地质问。

"我……"刘晨阳想说什么，但嘴巴动了几下，却没有继续发出声音。

"你？你是想气死我是吗？你是耳朵聋了，还是哑巴啦？"妈妈大声地喊着，伸手一把把刘晨阳拽到了身边。

这一个举动把刘晨阳吓了一大跳，赶紧说："妈妈，不是我的错，我没有错！"

"没有错？你没有打架吗？"妈妈说着，扬起手来就要打他。

可刘晨阳一下挡住了妈妈的胳膊，说："妈妈，真的是他该被打，我就要打死他。他说我是野种，他说我没有爸爸，他说你天天打扮得像狐狸精！"说完，哇哇大哭起来。

妈妈的手停在半空，看着哇哇大哭的儿子，她用力地按住儿子的胳膊，问道："你说什么？儿子，你打他是因为这个吗？"

儿子哭着说："是，我不允许任何人说你。"

妈妈心如刀绞，她不知道该如何劝儿子，也不知道怎么劝自己不跟着儿子一同掉眼泪。

此刻，她只能抱住儿子说："对不起，儿子，妈妈错怪你了。"

刘晨阳也抱住妈妈说："妈妈，我给你惹事儿了，我真的是气不过才动手的。"

妈妈安抚着刘晨阳，说："但是你也不能打架啊！你把人家打伤了怎么办？你可能毁了人家一辈子啊！"

"谁让他骂你了？他就是该被打！"刘晨阳愤愤地说。

妈妈摇摇头说："他这样说人是不对的，但是你因此而打他就更不对了。儿子，你是男子汉了，得懂得对自己的行为负责任，明天向人家道歉！"

"他怎么不道歉呢？他先惹我的！"刘晨阳依旧坚持着自己的观点。

妈妈点点头，问："如果明天他道歉，你会不会道歉？"

"会的！毕竟打架不是什么光荣的事情。"刘晨阳回答说。

第二天，妈妈开车带着晨阳去了学校，在路上还与儿子交流了打架的事情。她本以为事情会好好解决，但对方因为昨天受了伤，胳膊青紫着，一直拒绝道歉。

"孩子，晨阳把你打伤是不对，但引发打架根本的原因是因为你呀，如果你的话没有让他感到受伤，他也不会动手，是不是？"晨阳妈妈说。

那个孩子说："但是我就是受伤了！"对方的妈妈也说："不管我们说了什么，最后都是你儿子把我儿子打了。什么妈妈什么儿子，不知道跟谁生了这么个野种，还跑来教训我的儿子！"

刘晨阳妈妈眼睛红红的，说："你不应该这么教育孩子！"

对方妈妈根本什么也不听，不顾老师的阻挡一把抓住晨阳妈妈，用头顶着说："你打我呀，你打我呀！"

刘晨阳一看那人顶住妈妈，也不管什么纪律了，直接上前就推，

结果被对方妈妈一下推倒了，头磕在了桌子上。

老师吓了一跳，赶紧扶着刘晨阳就往医务室跑。晨阳妈妈也跟着跑过去。还好，晨阳只是磕破了皮。晨阳看着妈妈说："妈妈，我不让任何人欺负你！"

此时，对方还是不依不饶的态度。刘晨阳妈妈抱着儿子，她也不想再让儿子受伤了。

后来，长期在外地工作的爸爸得知了此事过程，告诉刘晨阳，武侠并不是打架，而是一种责任感，一种惩恶扬善的精神。

专家帮帮忙

处在青春期的孩子容易冲动，特别是这个时期的男生攻击性有时候很强，他们常常会因为一件事情大打出手，这种行为如果不控制好，很有可能造成一定的伤害。

青春期的孩子自我认知是有偏差的，总以为自己已经长大，可以独立去处理各种事情，所以最容易出现"强出头"的行为。

过激的行为大多来源于被激怒，丧失理智造成的后果非常可怕。曾有数据显示，至少有 70% 的受害者曾在遇险前与犯罪嫌疑人有过激烈的争吵。

遇到危险，先学会思考与周旋，这比采取过激的举动更能保护自己，而不是"强出头"，不顾及自己生命安全的情况下冲动行事。

延伸知识

青春期孩子如何保护好自己?

知道保护自己身体的重要性	哪怕没有进入青春期,你都要记得保护好自己身体的重要性。除了生病看医生等特殊的情况下,别人是不能随便触摸你的身体的。
懂得性知识,不随意尝试	当进入青春期后,你可以通过正规的渠道学习、了解性知识,特别需要接受避孕知识的教育,明白越轨行为会造成的后果。
增强安全意识	青春期男孩处于特殊的生理和心理时期,一定要建立自我保护意识,养成出门报备的好习惯,并对陌生人保持警惕。
面对危险学会避让	如果在外遇到危险,在保护好自己的基础上,第一时间要想办法求援,要懂得拿起法律的武器保护自己。

当你的家人、朋友遇到危险时,首先要在保护好自己的基础上给予其帮助。很多时候,青少年的自我感觉和自身实力并不能匹配,要懂得借力打力的重要性。

老爸告诉你

　　老爸知道你现在已经长大，可以承担很多责任，知道你也希望用自己的力量保护好自己身边的人。孩子，每个人的力量都是有限的，保护身边人的方法不是用蛮力去抵抗，那些"以命换命"的做法都是愚蠢的。你是爸爸的儿子，爸爸希望你变成更强大的人，不希望你做出愚蠢的事情。你在做数学题时，每道题都会对应一个解法对不对？人生也是这样，不只是你，包括像爸爸这样的成年人，有些时候也会感到力不从心。不过，虽然力不从心，但是很多问题仍然能解决，那是因为我们找到了正确的解法，懂得借力。